介護職の働く現場から「人助け」を極める

——認知症介護のチェックポイント40——

はじめに

介護専門職の皆さん、介護の仕事で悩んでいませんか？

悩みが解決されず、疲れきっていませんか？

まわりに相談できる人がいなくて、将来が不安になっていませんか？

この本は、介護専門職の正しい考え方を身につけてスキルアップするための、自分を見つめる自己啓発書です。

介護経験者や未経験者でも、介護をするときに力が湧いてくる内容です（認知症介護の事例もご参考にしてください）。


いま世の中では、認知症者が462万人から525万人、認知症の予備軍が400万人と推定されます。10年後の2025年には認知症者は700万人を超えて、認知症者1000万人時代の到来ともいわれます。その結果、ますます介護専門職の活躍が期待されることになります。

時代の流れとともに、介護を必要としている人は増えていき、他人ごとでなく誰にも身近なものになってきます。仕事や家庭の事情があるなか、家族間で対処することには困難となるケースが多くなります。困っている人を支えていくため、そして人が生きていくうえで、絶対に必要な職業が介護だと、多くの人がその思いを心に抱いているのではないでしょうか。

しかし、介護業界は明るい話題ばかりではありません。

夢と希望をもって介護専門職になった人が、職場の不満や人間関係の問題で、どうしたらいいかわからなくなって、自分自身を見失います。一度はめざした介護の道も、自分はこの仕事に向いていないのだと、思い悩むこともあります。

多くの悩みを、いったいどのように解決していけばいいのでしょうか。

気持ちが乗らない毎日を過ごし、転職をくりかえす…そうしたことは自分で決定すべきことではありますが、それが本当に正しい人生の選択なのか、もう一度考えてみませんか。

介護専門職の成長の階段は、正しい順序で上る必要があります。二段、三段を一気に飛び越えてしまう間違いに、早く気づいてほしいと思います。

本書では、私が特別養護老人ホームで生活相談員や施設長、デイサービスで介護職や生活相談員、ホーム長を経験して得たことについて、まとめました。私は介護専門職として、たくさんの失敗を重ね、けっして優れた人間ではないと自覚していますが、微力ながら書き記すことで、皆さんに少しでもお役に立つよう願っています。おそらく今後も失敗の連続でしょう。泥臭いやり方かもしれませんが、繰り返し努力することで必ず介護職として前進できると信じます。

介護サービスの定員や地域の事情で、一つの施設ですべての利用者をお預かりすることは不可能です。そこで皆さんは仕事を行う姿勢や、考え方の足並みを揃えて、もっと世間に認められる介護専門職となるべく力をあわせて実現しなくてはなりません。

この本を読んだ皆さんが、介護の現状をいま一度見つめなおして、介護職として自然に力が湧いてくる自己啓発を手にしていただくことを願っています。

介護を必要とする人、それを支えるのは、まさに介護専門職なのです。

介護の仕事で悩んでいる人、これから介護の仕事に就こうかどうしようか悩んでいる方々、皆さんにぜひ読んでいただきたいと思います。

齋藤和孝

Contents

【第2章】 確実に成長を遂げる考え方と方法

【第3章】 人の役に立つ認知症介護に向けて

【第4章】 中核症状編

Contents

【第5章】行動・心理症状編

【第6章】認知症の人と向き合うポイント

Check 1 この本の「やりがいを掴む」為の全体構成

介護の世界は、新しい技法や考え方が次々と誕生します。時代とともに介護業界の常識もすぐに変わってしまいます。そして介護職の基礎が身につかないまま、新しい介護技法の物珍しさに、すぐ飛びついてしまう傾向がみられます。

しかし、目新しい技法を活用しても、職場体制は良くなりませんし、介護職としても成長しないのです。これは、なぜでしょうか。それは介護職として正しい順序で成長過程を歩んでいないからです。そうなると、職場も介護職も成長がないのです。

介護専門職の成長過程は、次の3つに分類することができます。

1つ目は、職場の理念や方針を使いこなすということです。

社員として自覚を持ち、しっかりと木の根っこ（土台）を張りめぐらせることです。介護職の導入研修には、介護職員初任者研修や介護職員実務者研修があります。基本や実践力を身につける重要な講座ですが、就職していきなり実践しろ、というのは無茶な話です。基本を実践に活かすことができるように、まず社員として職場の理念や方針を使いこなすことができて、職場内で展開する人材育成の環境がないと厳しいです。なかなか職場の即戦力になれないという不安材料が多くなってくると、職場内で問題が起きるたびに職場体制が一気に崩れて、介護職としてのモチベーションが下がってしまって、職場が嫌になります。（参照＝7職場理念は使いこなす）

2つ目は、介護専門職としての正しい姿を日々追い続ける習慣が大切である、ということです。木の幹がすくすく伸びるように成長しているでしょうか。介護の基本は、一度身につけると、それを忘れてしまっても、再確認することを面倒に感じます。基本的なことは、当たり前と思っても何度も繰りかえし、相手に対するときに、どうあるべきか考えるべきです。曖昧さを少なくして、介護職として成長して、利用者の転倒や転落の事故を未然に防ぐことにも繋がります。

（参照＝4介護のセンスを磨く）

3つ目は、利用者に対して「満足」を提供するということです。

いわば満開の花や緑の葉を実らせるようなものです。良かれと思って関わったことでも、利用者の立場から見れば不安や不快に思っていることは少なくありません。介護は利用者とうまく向き合うことができなくて、失敗の連続になるのも珍しくありません。利用者との向き合い方について、方法を考えあみだしていくような工夫や創造力が求められます。（参照＝22〜41）

イラストに示したように、日常的に根拠を示しながら①から③の順番で自分の成長を確実に実感していきます。

この照和モデルは、後ろには戻らないということが原則であり、介護の仕事でうまくいかなかった場合は、常に①→②→③の順に取り組み、検証と行動を繰り返します。介護現場での指導では、問題が起こると「基本に戻れ」とよく言われます。しかしそういうケースを単純に受け入れてはいけません。

必ず①社員としての自覚を持つ、②介護職としての正しい姿、③満足の提供の順番で介護の質を向上させないとムダになります。

誰かに言われるまま、毎日を過ごすのではなく、利用者が満足感を得られる介護サービスを実現するために、一定の根拠をもとに、職場全体の体制について考えていただきたいと思います。

この本の「やりがいをつかむ」ための全体構成

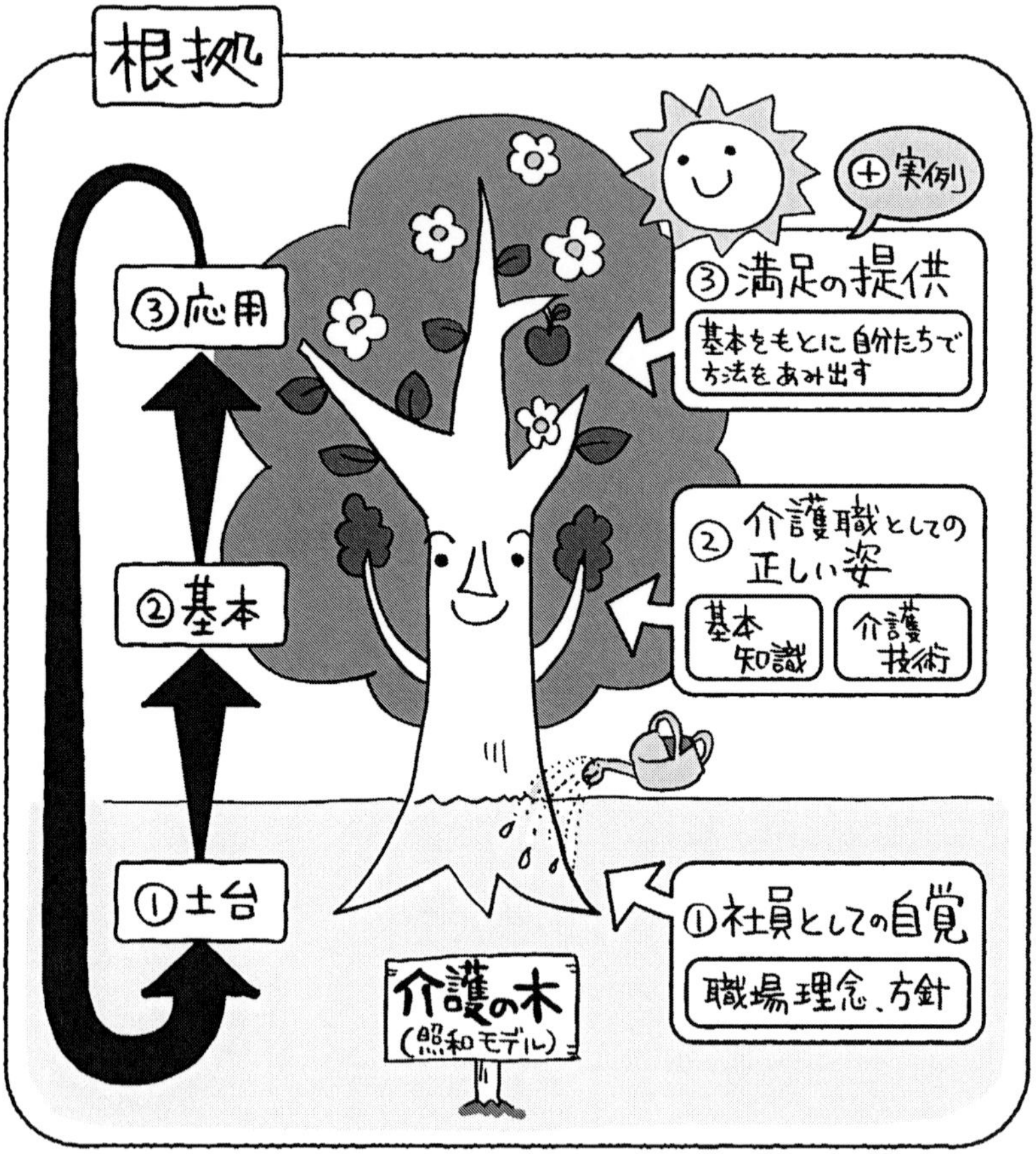

第1章　介護の力と大切な視点

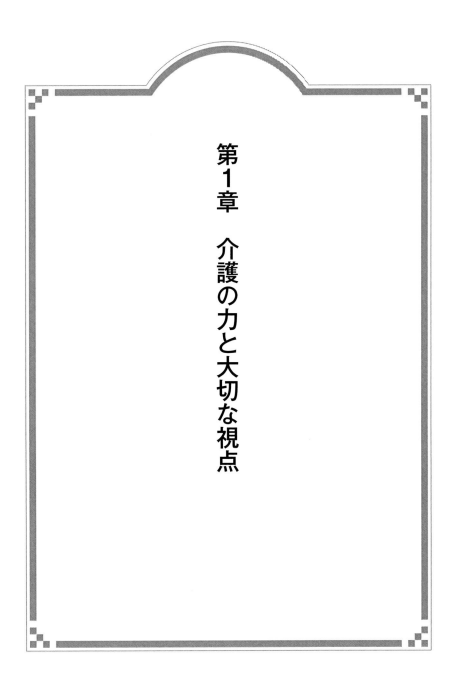

Check 2

今の時代の介護とは何か？

ある日、介護施設に近隣の小学生が訪れました。介護の仕事について調べるため、学校から宿題が出たそうです。

恥ずかしそうにしている5人の小学生は、スタッフに「介護の仕事って何ですか？」と率直に質問しました。すると、私たち大人の3名は、言葉に詰まりました。

「寝たきりの人が、食事を食べる手伝いをして……」など、しどろもどろです。表現するのももどかしく、介護職でありながら介護のことを他の人にうまく伝えられない未熟さが、とても恥ずかしく感じた場面でした。

日頃から、わかったつもりで介護を行っていたのだ、と反省しました。こうした状況は、介護職としての社会的な地位を引き下げてしまう要因になっているのではないかと思いました。介護の仕事は、国の制度が無資格者でも介護に携われるという、名称独占業務と定めていますが、そうなっている理由がよくわかる気がしました。いままで介護職は、都合が悪くなると国の政策が悪い、と日常茶飯事に愚痴を吐いたり、職場のせいにしたり、いつも逃げ道は決まっていました。

しかし、先に変わらなければならないのは、制度や職場環境をどうするか、という点よりも、まず介護職としての姿を正しく証明することこそ前進できる秘訣なのです。

「食事」「入浴」「排泄」という三大介護のサービスを受けるだけでなく、利用者には、自分らしく生活したいという願いがあります。目が覚めてから30分くらいは布団の中でゴロゴロしていたい、夜食が食べたい、生ビールが飲みたい、といわゆる介護だけにとどまらず、利用者は暮らし全体のサポートを求めています。利用者の暮らしぶりにおいて、身体がどんな状態であっても、一人で静かに過ごす時間があったり、家族と団欒の時間があったり、近所の人との茶のみ話をする機会など、多くの過ごし方を求めています。介護の考え方として、利用者は1日中介護を必要としているのではなく、暮らしの中の一部に介護を必要としている、という視点を忘れてはならないのです。つまり、付きっきりがベストというわけではないのです。

介護職という職業を、小学生たちに限らず、すべての人にわかりやすく伝えようとしても、現場の人間はどうしても難しく考えてしまいがちなので、説明がくどくなります。もし法律用語を暗記しても、相手にうまく伝えることは困難です。そこで、制度の内容や介護を必要としている利用者のニーズを要約すると、次のように捉えることができます。

つまり「介護の仕事」とは、利用者（お客様）に対して、「いつ」「どこで」「何をしたいか」をかなえる仕事、だと認識するのです。

説明する相手に合わせて、「利用者（お客様）に対して」という表現を、「体が不自由な人に対して」や「介護を必要とする人に」などと、変えてもいいでしょう。主語を変化させた方がわかりやすく表現できるかもしれません。また介護職は「いつ、どこで、何したいかをかなえる」という部分で、実体験した事例を加えて説明すれば、よりわかりやすくなります。

介護の仕事をわかりやすく伝えることができると、自分に介護専門職の自覚も芽ばえて、介護をするという、自分の役割がより明確になっていきます。また、それをみて、介護職を目ざす人が増えていくかもしれません。

寝たきりの人が
食事を食べる手伝い
をしたり、…えーっと…
タジタジ
介護の仕事って
何ですか？
「介護とは、利用者に対して、
『いつ』『どこで』『何したいか』
を叶える仕事ですね!!
注：著者サイトー（黒子バージョン）

Check 3

三拍子揃った万能選手になれ！

では、あらためて介護の仕事とは、何でしょうか。

医師は病気をなおす仕事、大工は家をつくる仕事、寿司屋は寿司をつくりお客さまに振るまう仕事。では介護職はどうでしょう。前項でも述べたとおり、「利用者（お客様）に対して、いつ、どこで、何をしたいか、それをかなえる仕事」ということになります。

介護専門職は、「専門職」という看板を背負っていて、介護保険制度や市町村の条例、職場の規程など、多くの規制とルールに縛られていることを理解するべきです。

そもそも私たちは、どのような経路で給料をもらっているのでしょうか。

国↓県↓市町村や地域住民↓職場↓自分の給料ということになります。

つまり、給料は職場からもらっていても、職場は運営を維持してスタッフに給料を支払うために、国をはじめとする様々な機関や利用者からお金をいただいている、ということです。したがって国で定めた制度や各種条例、職場のルールを、誰でも守らなくてはならないのです。

介護職を経験すると、一度は自由にやってみたいと思ったことがあるのではないでしょうか。

しかし、自由にやってみたいという思いや方法にも、良い点や悪い点があります。もちろん間違った方向でなければ、仕事の楽しさにつながります。利用者視点からすると、良い意味での自由とは、生活が利用者のペースで行える、ということです。一方、悪い意味での自由とは、虐待などにもつながるネグレクト（介護放棄、放任）の状態です。介護職視点からすると、良い意味での自由とは、規制やルールの中で伸び伸びと仕事ができて、介護の発想や工夫に楽しみや、やりがいが持てるということです。悪い意味での自由とは、職場としてのまとまりがなく、みんなが言いたい放題に自分勝手に振る舞う、という感じです。いい加減な仕事ぶりは利用者の都合よりもスタッフの都合を優先することになります。

以上のことから、これから介護職として、介護だけに向きあっていればいい、という考えは捨てたほうが良いでしょう。介護のこと、制度のこと、お金のことをバランスよく把握していてこそ、真の介護専門職だと捉えることができるのです。

家族から、利用者のことを聞かれても説明できない、介護保険制度にどっぷり浸かって仕事をしているにも関わらずその制度をよく知らない、利用者から利用料金をもらっても、料金の仕組みがわからず相手に説明ができない、などなど、これでは介護を受ける利用者は不安になるし、利用者を預けている家族も不安でたまらなくなります。

利用者を支えていくために、他の職種との連携は不可欠です。食事介助や入浴介助などを行う介護担当、制度の把握をする生活相談員や介護支援専門員などの担当者、金銭の管理をする事務担当、それぞれに専門的な役割があることは確かです。しかし介護職は利用者と家族に一番近い位置で仕事をしているのですから、それら他の職種の内容をまったく知らない、ということですませてはいけません。

当社において、「6：2：2の法則」というオリジナルの考え方があります。介護職であれば、1日の仕事の感覚は介護に6割を費やし、制度に2割を費やし、お金に2割を費やす、という方針です。デイサービスの生活相談員であれば、制度に6割を費やし、介護に2割を費やし、お金に2割を費やす、という考え方です。

職場で自分の思っていることがうまく伝わらず、多くの誤解やスタッフ同士のトラブルを生むことがあります。その原因の一つに、全スタッフの6：2：2のバランス（介護、制度、お金のこと）が、偏っている状態になっていることがあります。たとえば介護が未経験で事務の仕事に携わる者、介護経験が1年目の者、介護経験10年以上の者、それぞれ話が合わないのは当然のように思えますが、そうではありません。介護職は1日の仕事感覚として、介護に10割すべてを費やしてしまうからうまくいかないのです。介護に10割を費やしている介護職は、生活相談員や事務員の仕事は未経験なのに、生活相談員や事務員の仕事をラクで羨ましい、などと勝手な解釈をしてしまうのです。なまけている生活相談員や事務員は別ですが。そうそうラクな仕事は存在しません。介護についての議論をいくら重ねても、職種ごとの各スタッフのバランスがうまく加味されていなければ、お互いに話がまとまることはないのです。たいてい、誰かが妥協して自分の発言を封印してしまうために、議論が円満にすすんでいるように見えるだけなのです。そうなると、何の解決にもなっていないので、同じトラブルが繰りかえし起きてしまうのです。まず、介護・制度・お金のことを広く浅く把握することを始めましょう。そして介護職としての自分の姿勢を確立していくようにする必要があります。

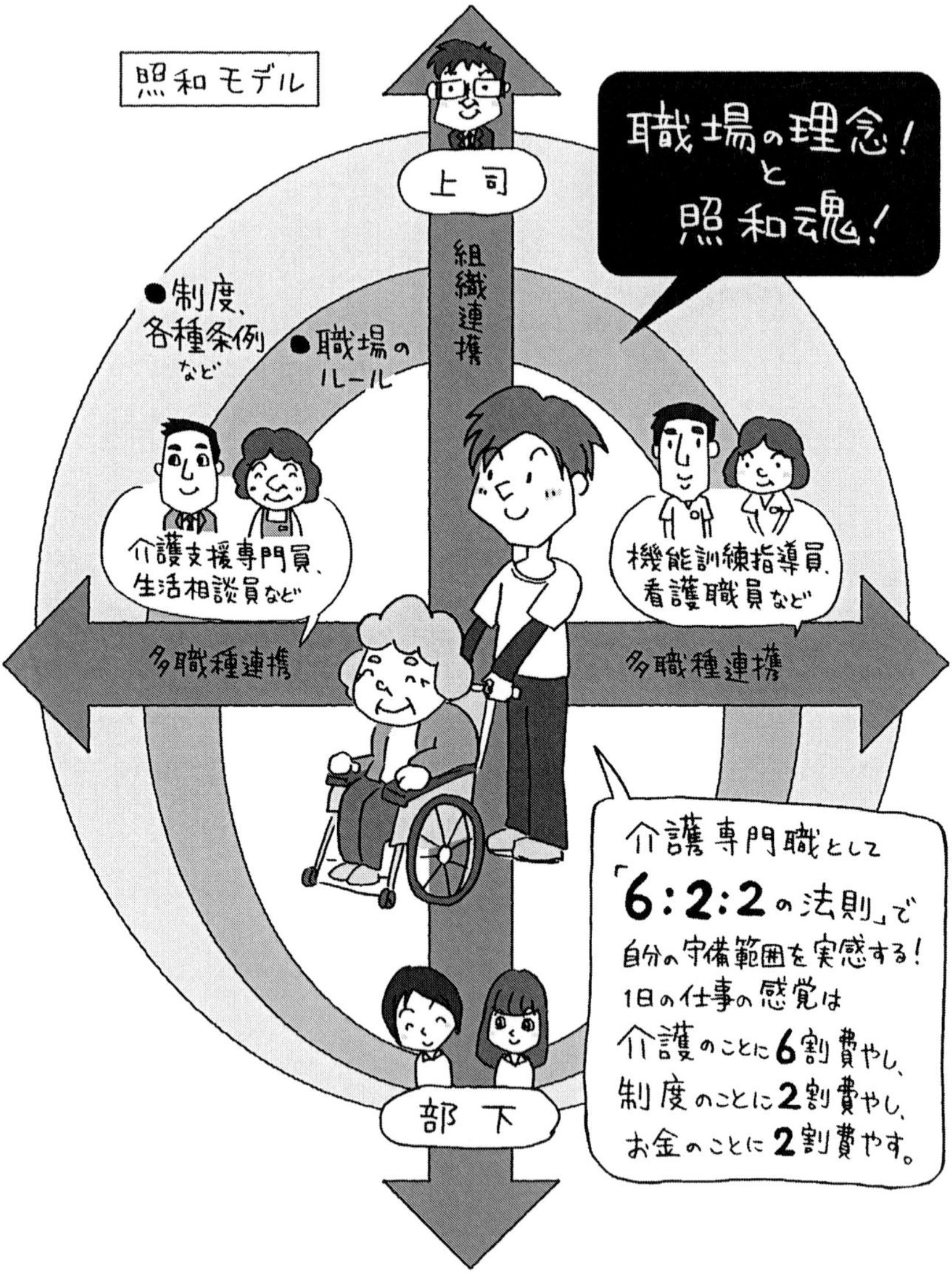
照和モデル
職場の理念！
と
照和魂！
上司
組織連携
●制度、
各種条例
など
●職場の
ルール
介護支援専門員、
生活相談員など
機能訓練指導員、
看護職員など
多職種連携
多職種連携
介護専門職として
「6:2:2の法則」で
自分の守備範囲を実感する！
1日の仕事の感覚は
介護のことに6割費やし、
制度のことに2割費やし、
お金のことに2割費やす。
部下

Check 4 介護のセンスを磨く

皆さんは、自分が介護職としてどうあるべきだと考えていますか。

私は、プロスポーツでのセンスと介護業界のセンスの違いを比較して考えることがあります。たとえば、プロ野球選手ならば生まれながらに持った天性の素質と、人一倍の努力を備えていると思います。それに対して介護業界のセンスとは、介護職が人一倍（１００％）の努力次第で自分を磨きつづけることができて、初めて手に入れられるのです。介護職は、介護の仕事に興味を持った人であれば、誰でも介護のセンスを磨くことが可能です。そしてスポーツ選手よりも長く現役でいられる魅力があります。

では、具体的に介護のセンスとは何でしょうか。

１つ目は、自分の不足するところを補う自己覚知を繰りかえして、空気を読む習慣を身につける、ということです。

２つ目は人間性がすべて、ということです。自己の成長が確認できたとき、無理に笑顔をつくることなく飾らないで自然体の介護ができるようになります。大人と大人とのお付きあいです。

自然体で行う介護の必要性は、多くの利用者と関わることで感じてきたことで、今までに出会った認知症の人などの利用者の方々も必要としていることです。介護の仕事は笑顔が大切、と言われることが多いのですが、勘違いをして、どんな時でもヘラヘラ笑っている介護職がいます。こうなると、利用者からみても気持ち悪い存在になってしまいます。笑顔をつくる意識よりも自然体で利用者と接することこそ大切で、利用者に評価されなければ、介護職の存在価値も薄れてしまいます。

私は子供のころピッコロ大魔王や孫悟空など、さまざまなキャラクターが戦う格闘アニメ「ドラゴンボール」に夢中でした。アニメなので内容は非現実的ですが、修行して「気」を高めたりうまくコントロールできるように、お互いで切磋琢磨する場面があります。強い気を相手が感じたとき、自分が強くなったという手応えを感じていくのです。

ドラゴンボールの「気」を高める「修行」こそが、介護のセンスを磨くために必要な要素ではないかと考えてみることができます。

皆さんは、毎日、自分自身からどんな「気」が出ているか、いつも考えて「修行」していますか。皆さんの「気」は、オーラという表現に読みかえることもできます。介護職の今日の体調や感情によって、オーラはそのたびに変化して、利用者にとってあるべき介護職の姿とかけ離れてしまうこともあります。

介護職と利用者・家族との関係は、デパートでたとえると、店員とお客様の関係に非常に似ています。しかし介護の世界では、お客様である利用者がなぜ店員である介護職に気を使うことが見過ごされてしまうのでしょうか。

あるとき、トイレに行きたいと思っていた車椅子生活のAさんが、近くのスタッフではなくて遠くのスタッフをあえて呼んで、トイレ誘導を依頼する場面がありました。あとでAさんに聞いてみると、近くにいたスタッフについて「今日は、あの人にすごく話しかけづらいのよ。何か私、悪いことでもしたのかしら」とAさんに思われたのです。介護サービスは、お客様である利用者がそれなりの対価を負担するのですから、こういう気疲れを感じさせてはいけないのです。

介護専門職は、自分から出ているオーラを利用者がどういうふうに受けとられているか、つねに気にする必要があります。日々、職場の仲間と自己覚知を行って、この面で意識できるように刺激を受けるといいでしょう。介護知識や介護技術、接客マナー、どれをとっても介護職には必要ですが、一番大切なのは、自分から出ているオーラの自覚とコントロールなのです。

また、利用者のオーラも感じて、その空気を読むことに気を配ることができるようになれば、それが利用者のためになるのです。

人間性については、たとえば自分は短気な性格だから仕方ない、などと割りきって考えてはいけません。プライベートの自分は変わる必要もないし、変われないとしても、介護専門職として仕事をしているときには、短気な性格であるという自分の弱点を何らかの方法で補わなければならないのです。

完璧な人間はこの世には存在しません。しかし利用者・家族、職場からどのようにすれば認められるかというあるべき姿を描いて、日々、自分を磨いていこうという心構えが必要です。

介護職としての姿は、「日本介護福祉士会倫理綱領」にわかりやすく書かれています。1日の終わりに、自分は介護の専門職として正しく振舞ったか、勝手なオリジナルの考えで押しとおして満足していなかったか、など反省するきっかけになり、自分のセンスを磨くうえで非常に役立つ「お守り」として活用できます。

【日本介護福祉士会倫理綱領】　1995年11月17日宣言

前文

私たち介護福祉士は、介護福祉ニーズを有するすべての人々が、住み慣れた地域において安心して老いることができ、そして暮らし続けていくことのできる社会の実現を願っています。

そのため、私たち日本介護福祉士会は、一人ひとりの心豊かな暮らしを支える介護福祉の専門職として、ここに倫理綱領を定め、自らの専門的知識・技術及び倫理的自覚をもって最善の介護福祉サービスの提供に努めます。

1．利用者本位、自立支援

介護福祉士はすべての人々の基本的人権を擁護し、一人ひとりの住民が心豊かな暮らしと老後が送れるよう利用者本位の立場から自己決定を最大限尊重し、自立に向けた介護福祉サービスを提供していきます。

2．専門的サービスの提供

介護福祉士は、常に専門的知識・技術の研鑽に励むとともに、豊かな感性と的確な判断力を培い、深い洞察力をもって専門的サービスの提供に努めます。

また、介護福祉士は、介護福祉サービスの質的向上に努め、自己の実施した介護福祉サービスについては、常に専門職としての責任を負います。

3．プライバシーの保護

介護福祉士は、プライバシーを保護するため、職務上知りえた個人の情報を守ります。

4. **総合的サービスの提供と積極的な連携、協力**

介護福祉士は、利用者に最適なサービスを総合的に提供していくため、福祉、医療、保健その他関連する業務に従事する者と積極的な連携を図り、協力して行動します。

5. **利用者ニーズの代弁**

介護福祉士は、暮らしを支える視点から利用者の真のニーズを受けとめ、それを代弁していくことも重要な役割であると確認したうえで、考え、行動します。

6. **地域福祉の推進**

介護福祉士は、地域において生じる介護問題を解決していくために、専門職として常に積極的な態度で住民と接し、介護問題に対する深い理解が得られるよう努めるとともに、その介護力の強化に協力していきます。

7. **後継者の育成**

介護福祉士は、すべての人々が将来にわたり安心して質の高い介護を受ける権利を享受できるよう、介護福祉士に関する教育水準の向上と後継者の育成に力を注ぎます。

【引用】公益社団法人日本介護福祉士会ホームページより抜粋

Aさん
何ですか？
・・・
クル
介護の仕事に興味を持ったんであれば、誰でも介護のセンスを磨くことができますよ

Check 5 人生は、人との出会いで変わる!

ある日、デイサービスセンターまで職場の同僚と挨拶にうかがった時のことです。そのデイサービスセンターのスタッフと利用者のAさんに話をうかがう機会がありました。

Aさんが言うには「私は、よだれが止まらなくて、いつもハンカチで口を押さえていたの。言葉が話せなかった」

脳梗塞を発症した過去の辛い体験を話してくれました。私は「なぜ話ができるようになったのですか?何か特別なリハビリを行ったのですか?」と聞いてみました。

するとAさんはひと言、「この場所がいいから……」

特別なことを行っていたのではなく、居心地のいい場所での安心感や、このデイサービスセンターのスタッフの心遣いがあったからだと話されていました。介護職が利用者に必要とされて、高く評価されていることを確認した場面でした。

Aさんの言葉から、脳梗塞で言語障害や麻痺症状の後遺症がでた場合、リハビリ専門職がどんなリハビリをするのかという、方法論だけを質問した私の固定観念は、まったく間違っていて、狭くちっぽけな考えだと反省するばかりでした。

人の暮らしをサポートする観点からすると、利用者が暮らしに満足して、生きる意欲があふれるようになり、明日という日を楽しみにするようになり、その場所がいかに自分の居場所だと実感できるようになるか、これが利用者にとって、いわば「良い薬」にもなるのです。

Ａさんは「あるとき、ほかの施設（介護サービス）を利用している方々を見る機会があったの。そこは道の駅で、大勢の車椅子の人が横に並ばされていた……。その横では、職員同士がお年寄りをそっちのけでアイスクリームを食べているんです。見ていて、そのお年寄りの皆さんが可哀そうだと思いました。」

Ａさんは、今の自分の生活に満足げな笑みを浮かべ「人生は、人との出会いで変わるの……」と言いました。

介護職は、利用者にこれだけ大きな期待をされています。どんな介護職と出会えるかで利用者の残りの人生が幸福かどうか変わってしまう、ということを実感しなければいけません。

スタッフが利用者のために介護するとき、現場で辛いことも多いけれど、利用者はそれによって幸せを感じてくれます。逆に、スタッフの都合だけを優先して介護をすると、スタッフは楽でいいでしょうが、利用者はとても辛い生活を送っている、ということがあるのです。

ピュ

Check 6 生活の再構築　エロビデオからの復活劇！

以前、Ａさん（男性）は、娘夫婦と３人暮らしで週に2回デイサービスを利用していました。元気に歩く人で、デイサービスの送迎で自宅に到着すると、たすき掛けをしていたバッグを縁側から部屋に投げ入れるや、杖をついてレンタルビデオ屋に向かうのでした。私は娘さんに「Ａさんは、どこにいくのですか？」と尋ねたところ「ビデオ屋さんに行ってるんですよ」と恥ずかしそうに答えました。Ａさんは、いわゆる「エロビデオ」を自分の足で借りにいくのです。このＡさん、デイサービスの利用中に入浴するときには、女性スタッフのおっぱいやお尻をさわり、浴室から「キャーッ！」という声が響きわたることもよくあったのです。

その後、私がデイサービスから特別養護老人ホームへ異動になって2年が経過した時でした。Ａさんの娘さんが相談にやってきました。どうしたのかと聞くと、Ａさんが脳梗塞で倒れて右半身麻痺と言語の障害があり、不自由をしていると悩んでいたのです。会話も成立せず、反応もなく、病院で寝たきりの生活を送っているとのことです。Ａさんには、リハビリの意欲もなく病院では今後治療することがないことで、医師から退院を迫られていました。しかし、自宅での生活は娘さんとしては無理だと考えていました。Aさんは、老人保健施設やショートステイの利用を経て、特別養護老人ホームに入居することになりました。私は、生活相談員を担当していたため、Aさんの入居手続きの説明をしたとき、デイサービスで顔を合わせていた過去のAさんとはまるで別人のようにやせ細っていたことに驚きました。

Aさんが入居してから3か月が経過した頃、Aさんのサービス担当者会議に出席しました。Aさんの介護担当から介護状況と生活の様子をきいたところ、リクライニングの車椅子に座り1日3回の食事介助、週2回の入浴介助、ベッド上で行う定時のオムツ交換を実施、その他の時間は部屋のテレビをつけ、ベッド上で横になってもらっている、との報告でした。Aさんの日々はほとんどベッドの上で過ごしているということで、1日のなかでわずかでも楽しみと思えることを提供できないかと考えてみました。会議でもなかなか良い案が出ませんでした。

そこで以前、自宅で生活していた時には、エロビデオを見ていたことを思いだしたのです。施設でもエロビデオを鑑賞してもらったらどうかと他のスタッフに提案したところ、そのスタッフは顔色を変え、私は大批判され火だるま状態になりました。

「施設の看板を汚す気ですか」、「介護施設ではありえない」、「齋藤さんは頭がおかしいと思っていたが、ここまでとは思わなかった」などとあきれられ、強い批判的な意見が次々と私を襲ってきたのです。

介護保険制度に基づいて、男性の施設ケアマネジャーには、ケアプランにエロビデオ観賞をサービス内容に入れてもらうことを依頼しましたが、家族に説明ができるわけがないだろう、とそっぽを向かれてしまいました。スタッフにはあきれられましたが、一応試験的にという名目で実施することになりました。ケアプランには「ポルノ鑑賞」と記載されました。利用者本位を考えれば、Aさんは以前「エロビデオ」という表現をつかっていたことから、エロビデオと記載してほしかったのですが、施設ケアマネジャーにはこの件に関する抵抗があり、家族へ相談するときに許容される精一杯の表現だったのでしょう。それ以上のお願いはしませんでした。娘さんには、施設ケアマネジャーと私からケアプランに沿った説明をおこなって了解されました。

後日、リクライニングの車椅子を使用するAさんとレンタルビデオショップに足を運びました。入居して3か月ぶりの外出でAさんに話しかけながら、18歳未満立ち入り禁止コーナーに進んでいきました。エロビデオが並んでいる棚にそって、ゆっくり前に進んでいくと左手で1本のビデオを自分の意思で手に取りました。Aさんは、結果的に4本のビデオを膝の上にのせ、抱えるようにしていました。気がつくとエロビデオを借りに来た別の客のひやかすような視線を受けています。しばらく多数のビデオを抱えこむようにしていたので、私はAさんに「4本を一気に借りるより、せっかく外出できたので、1本だけ借りませんか。毎回、返却日までに外出しましょう」と伝えると、膝の上に抱えていたエロビデオを押さえこむようなことをしなくなりました。私はこれをAさんが了解したと判断して、無事にビデオをレンタルすることができました。その後、1本のビデオを借りに行くため定期的な外出支援が継続され、Aさんの個室部屋で娘さんが持ってきたビデオデッキを使用して、毎日ではないものの1回あたり30分ほど見る習慣ができました。

女性スタッフの冷たい視線を感じながら、Aさんとこうした関わりが進んできたとき、20代前半の男性スタッフが協力をしたいと申し出ました。3人のチームが構成され、交代でレンタルビデオショップへの外出と、エロビデオを見る際に数回に1回はスタッフも同席して、Aさんと一緒に男の密かな楽しみという面を演出して関わることにしました。するとAさんの変化もありました。入居当初、Aさんは寝たきりの時間がほとんどだったのですが、ビデオ鑑賞で4か月が経過すると、数時間の座位保持ができるようになり、小さい声で簡単な会話もできるまでに回復してきました。

Aさんは、「(エロビデオは)娘には見つかりたくないね」と自分の意思を伝達することも可能になったのです。娘さんにも協力いただき、面会の際にはいきなり部屋に入っていくのではなく、近くのスタッフに声をかけてもらい、Aさんが部屋で何をしているのか確認してから部屋に入るというルールを作りました。娘さんが面会に来たとき、私も声をかけられてAさんの部屋の様子を見に行ったことがあります。エロビデオをたまたま見ているときだったので「娘さん、来ましたよ」と伝えると、Aさんは、あわててリモコンでビデオを停止しようとしました。

このケースでは、エロビデオをつかうことによって、外出の機会が気分転換になるということと、生活のなかでのわずかな楽しみでも感じてもらいたい、と考えていたのでした。しかし、機能の回復まで確認できる予想以上の成果には驚きました。以前、リハビリ意欲もないので退院して下さいと娘さんが医師から告げられたことがありましたが、介護の力によってAさんの麻痺以外の部分を自分の力で動かし、歩けるようになりたいという本人の意欲を引きだすことができたのです。会話もできるようになり、自分の意思を相手に伝えることができるようになったことも大きな成果になりました。また、女性スタッフから施設でエロビデオを見ることについての批判の声も、月ごとに聞かれなくなりました。一時は、反対されるだけでなく私の下駄箱に煎餅の袋などのゴミを入れられるなど、陰湿ないたずらをされたこともありました。

Aさんの次の段階での支援を考えるために、いわゆる風俗店に相談に行きました。店員に「もし、車椅子の80代の男性が来たら、受け入れてもらえますか」と相談したところ、やっと3店舗目で受け入れできるという反応をもらいました。Aさんは、施設のお客様でもあるので、絶対にケガをさせられないと店員に伝えました。店員は、大丈夫でしょう、とあまり真剣に考えている様子もなく、私に対しては「もしよろしければ、お客様を待っている間、あなたも別室にご案内できますが」と商売むき出しにひやかされました。

Aさんは、残念なことに肺炎を患い、次の段階の支援を受けることなく病院で亡くなりました。結局、歩けるようになりたいという想いをかなえることはできませんでした。

葬儀に出席したとき、娘さんが早足で私のところに来てくれました。娘さんは「いままで、大変お世話になりました。おじいちゃんらしく、生活ができてよかったです。齋藤さんから、最初エロビデオを施設で見せたいって言われたときには、正直驚きました。大丈夫なのかなって、いろいろな意味で悩みましたよ。おじいちゃんが施設に入る時、私はもう死んだ人と同じって思っていたんです。でも、1回死んだおじいちゃんともう一度親子の会話ができたということで、この時期は本当に嬉しかったし、楽しかった。ありがとう……」このとき私は話をきいて涙をためながら、介護の仕事の魅力を改めて実感しました。

葬儀の場は、介護職がいままで介護サービスで関わったすべての評価の結果をもらえる場であり、ときには過去の介護サービスに対して嫌味を言われたり、顔もあわせて貰えないこともあります。Ａさんの死について寂しく感じていましたが、利用者本位ということをサービスで実現することができたという証明を感じて、はればれとした気持ちになりました。

介護サービスは、あくまでも利用者本位のものです。介護職の常識・非常識の感覚に合わせることは間違いであって、あくまでも利用者の常識・非常識に合わせて関わることが大切である、ということをＡさんから学ばせてもらいました。介護はその場面ごとに、チームとして男性スタッフと女性スタッフ、どちらが関わるべきなのか検討していけばいいのです。女性スタッフが、利用者におっぱいやお尻を触られたときは、ていねいにお断わりすればいいのです。介護サービスには、そのような内容が現制度では存在していないからです。しかし、介護の世界では、性的なことについてまだまだ真剣に関わる必要性が考えられていない、というのが実情で、お断りをしたら利用者の性的欲求をどのような方法で満たしていくのか、チームで検討を怠ってはならないのです。ちなみに別のケースですが、男性利用者にエロビデオを見せることで支援しましたが、逆に興奮のあまり女性スタッフが襲われそうになって、大失敗に終わったこともありました。Ａさんの楽しい生活のポイントはエロビデオでしたが、一人ひとり求めるものは違うということ、関わり方も違うということ、男性利用者と女性利用者をひとくくりに高齢者というグループ分けをして考えることは、実態と違うということ、これが個別ケアの絶対的原則なのです。

やるぞ!
メラ
メラ
常識非常識は施設に合わせるのではなく、利用者の常識非常識に合わせることが大切です

Check 7 職場理念は使いこなす

職場の理念というと、達筆な書道家が施設の依頼を受けて書いた理念が立派な額に飾られていたりします。スタッフに聞いてみると、単なる「飾り物」だと思っていたり、、職場理念を少しずつ覚えているところであるという声がかえってきます。よく職場の管理者や責任者が「職場理念を目ざして頑張りましょう」と呼びかけますが、本当に職場の理念を追求することは正しいのでしょうか。

お客様（利用者と家族）が、デイサービスや特別養護老人ホームなどの介護保険サービスの利用を検討するとき、一番良い施設はどこかといろいろ検討することになります。利用先を決定するとき、各施設や事業所の立派な理念を見て、こんな介護サービスが受けられるなら、と期待して決める人も少なくありません。職場理念にうたわれているようなサービスが受けられる、それなら親孝行になるのではないかということを考えて決める人がいます。私が生活相談員時代に入居・利用相談の担当をしていて感じたことです。

介護職が、職場理念を目ざして日々努力するというのは間違いではありません。介護サービスを提供するのは介護職ですが、理念を目ざしていながら理念とは違う状況の介護サービスをあたりまえのように提供していたら、介護職は詐欺師のような存在になってしまいます。

あるラーメン屋に行ったとき、店内に『お客様にラーメンで喜んで頂く』という内容が理念として掲げられていました。ラーメンを食べている客同士が「美味しいね」と会話を交わしています。レジで会計をすませた客が「ごちそうさま」と満足そうな表情で帰っていくのを見ると、理念どおりに提供しているというのがわかります。しかし、飲食サービスであればお客様からのクレームを貰うこともあるでしょう。ラーメンの中に虫が入っていたり、長い髪の毛が入っていたら、客は不愉快になります。理念どおりの、あるべきラーメン店の姿、食べて喜んで頂くという内容とは違ってしまいます。そんな時には、理念をもとに軌道修正を試みるのが正しい対処です。こうした場合、食材は今後、調理直前に冷蔵庫から出すようにする、厨房に立つスタッフは、耳まで覆う調理用帽子を着用する、など二度と同じクレームを貰わないように対策を練るでしょう。

介護職も、職場理念をどう活用するかを考える必要があります。専門職としてスキルアップとなる利用者本位のサービスの実現、スムーズな他職種との連携、チームの結束を実現する必要があります。職場理念は『あるべき姿』であると捉えて、その内容を維持継続し、理念とは反した状況を軌道修正させ、それを都度繰り返すことを実践していきます。

穏やかな暮らし……と理念を掲げていた施設の事例を述べましょう。

要介護４のアルツハイマー型認知症のＡさんは、下肢筋力が低下して歩行が困難となり、車椅子を使用していました。居室では、ベッドを使用しています。

夜中の22：30のことでした。部屋から四つん這いで出てきたＡさんに、「眠れませんか？」ときくと、何を話しているのかわからないという返事がもどってきました。「ベッドに横になって休みますか？」と言うと、うなずきます。ベッドまで誘導して「おやすみなさい」と声をかけて、私は部屋から出ていきました。すると10分もしないうちに、部屋から四つん這いになってまた廊下に出てきます……。こんなやりとりを４回くらい繰りかえしました。指示してくれる上司もおらず、介護職としてこの後どうしたら良いのか大いに迷いました。低床ベッドにはなっていましたが、歩行が困難なＡさんがベッドから降りるのではなく、落下する事故に繋がることが想定されて、すごく怖くなりました。このような状況のとき、職場理念を頭のなかで復唱し、この場面でどう判断し介護を行うかを考えてみました。ベッドから落下する事故が起きてしまっては、穏やかな暮らし、どころではなくなります。そこで、Ａさんがベッドに横になっている足元の傍で私も椅子に座り、Ａさんが休むのを待つことにしました。Ａさんは薄暗いなかで、体を起こして私の姿をじっと見つめると、私に話しかけました。

Aさん「あら、あなたここにいたの」

私「探しましたか」

Aさん「さがしたっぺな。こんな真っ暗な知らねえとこで、おら一人にすんだから」

私「それは、すみませんでした。ここにいますから、心配しないで休んでくださいね」

15分くらい横になっているAさんと話をしました。23時30分ころから翌朝7時30分までぐっすり休みました。人は、誰でも不安で眠れない夜を経験したことがあるでしょう。Aさんは、穏やかな心になり安心したことで、朝までぐっすり休むことができたのですから、職場理念を活用して介護を行ったということになります。この積みかさねが介護に求められているのです。

これは介護場面で職場理念をうまく活用した事例です。しかし、利用者の思いどおりにならないという失敗も多く、軌道修正の連続となっていることが日常茶飯事です。理念を活用しさえすれば、いつでも利用者にうまく対応できるというわけでもないので、誤解のないようにしていただきたいと思います。つねに軌道修正を繰りかえし、利用者が何を求めているのかを追求することが何よりも大切な心構えなのです。

職場の同僚同士で、お互いの考え方がばらばらでまとまらないという場合、理念の共有が欠けていることが要因となっていることも考えられます。チーム、と言われるメンバー同士が理念を共有していなければ、問題が発生するたびに職場の雰囲気が悪化してしまうことになります。

これから介護職に就こうとしている人は、職場の戦力になることを第一に考えなければなりません。職場の戦力になるためには、入社の初日にそこの理念を覚えることが何よりも大切です。

利用者の名前を覚える、という事も大切ですが、やるべき順番というものがあります。介護未経験を理由に不安を抱える者は少なくありません。介護職員初任者研修（旧ヘルパー２級講座）のなかで実習生が施設実習に行ったとき、食事介助や排泄介助がなかなかうまくできなかった、認知症の人とどのように向きあえばいいのかわからなかった、など悩みを挙げれば話は尽きないものです。

それでは、介護施設や介護事業所の側では、介護未経験の人をどのように考えているのでしょうか。職場方針によっても多少の考え方の違いはあると思いますが、職場理念の活用を正しく理解している施設であれば、介護未経験や介護経験が浅い人でも、入社１日目から理念を使いこなそうとするスタッフが何よりも貴重な戦力であると思っているはずです。食事介助やオムツ交換の技術の未熟さによる悩みは、指導をするスーパーバイザーさえいれば知識や技術が向上するのですから、解決することができます。職場から給料を得ているのですから、１日目から戦力になるのがベストです。もし、入社してから一社員として理念をそのうち覚えよう、少しずつ覚えよう、と思っていたとしたら、その甘さは、利用者に迷惑がかかる原因となるのです。

~理念~
私達は、
「人間性の向上」と
「支え合い」を
貫きます。
あれが「あるべき姿」だ!
ウォー!!!
ザパーン
…

職場理念が活用されているかどうかのチェックリスト（職場改善の目安）

No.	設問	チェック印
1	スタッフの発言に、「まったくこの施設は…」と自分が所属している職場なのにも関わらず、他人事である。	
2	スタッフの出入りが多い。	
3	施設長は、部下のせいにする。	
4	部下は、施設長のせいにする。	
5	「何とかしてよ」など、すべての解決を他者に任せる。	
6	理想と現実は違うと逃げる。	
7	今日の仕事を暇だと考える、または発言する。	
8	問題の原因をいきなり「人手不足」という。	
9	問題の原因をいきなり「時間がない」という。	
10	いつも自分の考えだけで、仕事なのにわがまま。理念よりも感情が上回る。	
11	指示通りにしか仕事をしない。怒られるから余計なことはしない。	
12	理念を考えない発言や行動がみられる。	

チェックが着いたところは、職場理念の使い方について即改善が必要です！
1つでもね！

Check 8 チーム力

介護の現場では、利用者をサポートする上でチーム力は必要不可欠です。一人で解決できないことを、二人以上の人が手をたずさえて解決する方向に進んでいくことが、チームであることの利点です。

皆さんは、仕事の仲間をどのように考えているでしょうか。

チーム力を向上させて、良い職場環境にしよう、仕事を楽しいものにしよう、仲間と共に仕事ができることに誇りを持とう、と一つひとつ実現させていくことは誰もが願っているでしょう。

しかし、チーム力が必要であるとわかっていても、何故なかなか実現しないのでしょうか。

認知症の人と向き合う必要がある場面では、チーム内の複数の目（スタッフの目）によって、さまざまな事に気づいてチームの成長や介護サービスの質向上につながっていくものです。

汚れた手を「洗面所で洗いましょう」と認知症の人に伝えたところ、理解できずに怒りだすことがありました。ある日、水道から水を出して手を洗うことを伝えるのではなく、洗面所に温かいお湯が入った洗面器を置いて様子を見ました。洗面所に誘導すると、認知症の人は、自ら石鹸で手を洗いはじめたのです。このような対応が生まれた背景には、スタッフ同士のホウ・レン・ソウ（報告・連絡・相談）を徹底することから産まれたのです。

このホウ・レン・ソウができていると、誰もがチームの輪を意識するようになります。きおれができていないチームだと、スタッフのやる気が低下したり、さらに職場の環境にイヤな空気が漂ってくるのだから、恐ろしいものです。

チームと称して多くの人が関わっていても、人と人がお互いにつながりを持とうとしなければ、チーム力は生まれません。うまくいってないことで悩んでいるのであれば、まずはホウ・レン・ソウを徹底的に実行してみることです。

大勢に向けて職場の方針や心構えを話しても、結果的に何人のスタッフがその正しい解釈を実行していけるのでしょうか。違う意味に曲解して解釈されてしまうこともよくある話です。親身になって1対1で関わろうとしても、それを面倒に思わないでほしいのです。ある時、「なぜ、あいつをそこまでかばうのか？」と言われたことがありました。チームメイトは好き嫌いで判断すべきものではないのです。一人でも多くのスタッフが職場の方針にそって努力できるようになれば、戦力以上の即戦力となるのです。

とは言っても、1対1で関わることは、相手が求めてこない限り、あまり積極的に行わない方がいいのではないか、と私は思います。なぜなら、手取り足取り、すべて教えることで、スタッフが一種の過保護状態になってしまった、という失敗を過去に経験しているからです。しかし相手が求めてきた場合は、介護職として前進しようとする意気込みの表れであり、何らかの形で自分が成長したいと思っているのだろう、と判断して関わるようにします。このような場合、相手の力になれるのであれば、と力が湧いてくるのではないでしょうか。

課題を抱えて悩む仲間や弱っている仲間に、その場面で自分が最善と思う形で手を差しのべることが、真のチーム「仲間」なのです。

チームの一員になるということは、一人だけいい思いをする一人勝ちはない、ということも理解して、みんなで協力して喜びを共有するのです。介護職が世の中に認められるのはこれからなのですから。チームは、必ずお互いの話を聞き、一方的な話だけでその人を決めつけないということが大切です。一方的に聞いた話で、その人を決めつけて一定の印象を持つのは、チームの問題が増えるだけです。チームはカリスマ性よりも合理性を追求することが重要なのです。

仲間
昭和
ホウ・レン・ソウ（報告、連絡、相談）を実践して、お互いの話を聞くことからチーム力を高めていきましょう！

Check 9 利用者の為にも偽善者になるな！

皆さんは、なぜ介護の仕事に就いたのでしょうか。

私のケースをお話しすると、18歳のころに父親の勧めもあり、とりあえず何となく介護の道に進んだのです。とくに何か成し遂げようという希望に満ちあふれていたわけでもなく、何をしたらよいのかさっぱりわからなくて、いい加減な感じで始めたのです。高校を卒業して、介護の専門学校に進学しましたが、介護のやりがいすらわからないまま、2年間が経過し卒業することになりました。専門学校に在学中、各施設に2年間で計4回ほど、施設実習でお世話になりました。当時私は、介護なんてバカバカしいと思っていたため、実習中もやる気がなくオムツ交換の時間になると逃げまわる始末でした。当時の施設スタッフには大変迷惑をかけた、と反省しています。

縁があって、専門学校卒業後、介護施設に就職することができましたが、やる気がない気持ちはいっこうに変わりませんでした。今後は自動車販売の営業職につくか、ストリップ劇場でダンサーとして働こうかなどと悩んでいました。そのうち自分に合う仕事が見つかるだろうと、人生でもっとも悩んでいた時期です。

初めて介護の仕事に就いたとき、私はデイサービスセンターに配属となりました。このとき100％の偽善者であった、と振りかえることができます。本音とは違う形で、自分を見せかけていました。まわりからどう見られていたのかわかりませんが、介護の仕事は好きではないのに好きなフリをしていることが多かったように思います。そのたびにテンションは下がる一方でした。友人と夜遊びすることが楽しくなり、そこでストレス解消をしていました。このころは、介護の仕事に就いていること自体が恥じらいの気持ちとなっていて、友達に何の仕事を行っているのか聞かれると、答えをためらってしまうことがよくありました。

19歳から22歳のころまで、介護の学校の先生や、施設の実習指導担当者、職場の上司など、皆さん利用者にやさしい声をかけることを指導していました。「あなたは、声が低いから利用者に○○さん（スタッフ）のような声かけをしなさい」と、赤ちゃんに話しかけるような甲高い声の調子がいいのだと、15年前は考えられていたのです。もともとのおかまさん（ニューハーフ）ならともかく、優しい声をかけなさいという指導によって、気がつけばまわりの男性スタッフは全員、おかまのような声調になっていました。介護の仕事は最悪だと思っていたのです。

茶の間で父親が仕事のことをいろいろ語ってくれました。そのおかげで少しずつ自分自身の気持ちの整理をすることができました。若いときはうるさいだけの親父だと思っていましたが、人生の歩み方、人間性のこと、日本の習慣について年々考えるようになりました。

何年も経ってから、自分はなぜ介護をバカバカしく思い、介護の仕事に恥じらいを持って、この仕事が好きになれなかったのか、心のモヤモヤを言葉にして父親に話すことができました。そして照れくさくて伝えることはできませんでしたが、父親に感謝の気持ちでいっぱいになりました。それは、大人は子供ではないということです。世間では、高齢になるとオムツを使用したり、四つん這いで移動することから「年寄りは子供に帰る」と言われていますが、どんな状態であっても大人は大人なのです。大人に対して子供じみた接し方は、介護サービスとしてふさわしくないと自分の心のなかで整理できたとき、介護の仕事が好きになれたのです。

私は介護職として、少々の遠まわりをしたかもしれませんが、心から利用者のために何とかしたい、喜んでもらいたいと、いつも考える習慣ができました。そして明日に向かって考えて、介護は面白いと実感することができました。

介護の仕事と偽善者との関係は、紙一重である、ということをよく考えてほしいのです。

あらぁ～、○○さあん♡
私がふきますから
大丈夫ですよぉ～ん♡
オホホホ…
めんどくせ～
心の中

Check 10

仕事とボランティアの違い

職場の同僚や研修でお会いする介護職の人たちは、やさしい人がとても多いです。とくにやさしい男性介護士が増えているのではないか、と施設の利用者Aさんと話して盛りあがったときがありました。しかし「やさしい」からこそ、やりすぎも生まれることがあります。

利用者本位を貫くため、親切な気持ちで関わることができるよう今後も研鑽していかなくてはならないのは確かです。しかし親切も必要ですが、訪問介護でヘルパーが制度に定められていない、または職場の独自サービスにも定めていない、庭の草むしりや各部屋の大掃除、入院中の付き添いなどを行っている現状は、介護職にとって本当にいいことなのでしょうか。利用料金を貰わなければいい、他にわからなければいい、ということではなく、介護職としてどうかということです。

日々利用者に対しての思い入れが強くなり、もっと利用者を大切にしたいと願うようになるのは、介護職であれば誰もが経験することだと思います。昔、デイサービスを担当していた当時、20歳前半のころ、週3回のデイサービスを利用する一人暮らしのAさんに誘われて、介護サービス利用中ではないにも関わらず、内緒でＡさんの家で食事をしたことがありました。Ａさんは喜んで「また食事しよう」と誘ってくれましたが、自分がとった行動は間違っていたことにあとで気づきました。２回目はプライベートでＡさんの家にお邪魔することはありませんでした。Ａさんは、「いつも一人で寂しいからまた食事がしたい」と誘ってくれましたが、逆に断るたびにへそを曲げられる結果となってしまいました。サービスとプライベートの線引きを曖昧にしたことで、Ａさんにプライベートで一緒に食事をすることもデイサービス利用の一環である、と間違った解釈を抱かせてしまったのです。また、介護職として介護サービスを適切に捉えておらず、「善」をよかれと思ったまま実行してしまったことで、結果として利用者を悲しませる結果になってしまったことを反省しました。

一つ言えることは、「善」を思うままに行うのであれば、ボランティアを行った方が良いということです。とても喜ばれると思います。しかし、介護サービスは対価を伴うものであり、利用料金をいただいて介護というサービスを提供しています。介護サービスを提供する側として、ボランティアは行わない、ということが原則です。利用者にサービス以外のことで誘われても、納得のいくように丁重にお断りする方法を考えることが必要です。ときには別のサービスを紹介するなど、利用者とは介護サービス上でのお付きあいという認識をもつことが大切なのです。

介護職は、ボランティア精神が大切、と言われることがありますが、それは間違っています。介護の仕事のあり方が崩れるどころか、ボランティア団体の活動範囲を邪魔することもあるのですから、迷惑な話です。介護サービスとボランティアの違いを認識して、介護職が行う介護サービスとボランティア団体が手を取りあって、社会の貢献につながる仕組みをつくることを優先して考えなくてはなりません。

Check 11 時代の変化と人間の特徴

私は、１９９９年の措置制度の時代に介護の世界に入りました。近所のおじさんから「何の仕事に就いたんだ？」と聞かれて、介護の仕事に就いたことを伝えると「偉いなぁ、かずちゃんは。ボランティアの仕事に就いたんか！」と感心されたことを覚えています。２０００年4月からは介護保険制度がスタートし、介護サービスごとの利用料金が細かく設定され、介護サービスの地域イメージも変わってきました。その後、近所のおじさんから「まだ介護の仕事やってんのか？今は大変だろ。テレビでも見たけど、いまお年寄りは施設の介護を受けるのにお金を払っているから要望やトラブルも多いってな」まさにその通りです。介護職に対する地域イメージは確実に変わってきているのだと実感した場面でした。

介護保険制度創設前は、介護職がどんないい加減な介護をしていても、お客様（利用者及び家族）は我慢していることが多かったように思います。しかし、介護保険制度が施行されて、時代の変化とともに介護サービスを受けるお客様（利用者及び家族）の側にも、より満足を得たい、という変化がはっきりしてきました。

大人は、満足を得るためにお金を払うのだ、という面を押さえておくといいでしょう。多くの人が、なぜ家族がタダで髪の毛をカットしてくれる場合でも、美容室に行ってわざわざお金を払って髪をカットしてもらうのでしょうか。お金を払うことで、自分にあった満足のいく髪型を手に入れるためではないでしょうか。利用者も排泄介助や入浴介助の介護サービスを受ける際に、お金を払って満足を得たい、という気持ちは同じなのです。もちろん、その家族もお金を払って親に満足する介護サービスを受けてほしい、と願っています。

介護は、お客様である利用者の判断がすべてであり、今日は敬老会に参加できて良かった、一緒におやつ作りができて良かった、と介護職の自己満足になっていないか、つねに振りかえってチェックして、利用者はどう思ったか、満足のいくものだったか、を考える必要があります。

利用者がブツブツと文句を言っている場面は、利用者に満足していただくために改善しなければならない要素があるということです。利用者は、それだけ今いる場所の居心地を良くしたいと願っている証でもあるのです。利用者はすべてのサービスをけなしているのではなく、利用している施設の介護サービスがより良くなってほしい、と思っているのです。

まずは、利用者の満足を得るために、利用者が好きなときに、好きなことが言える環境が重要なのです。

第2章　確実に成長を遂げる考え方と方法

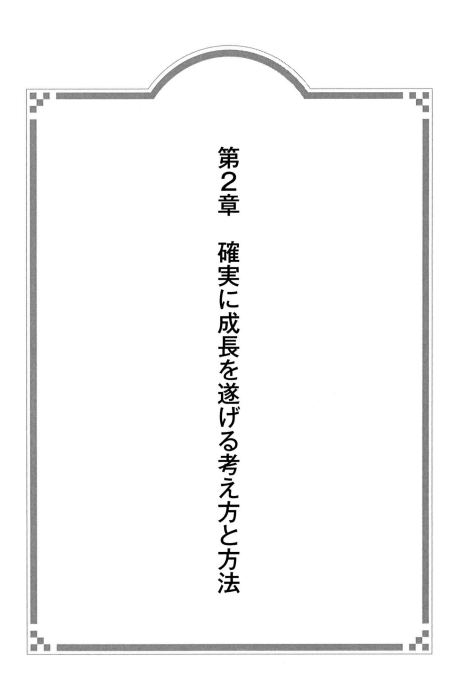

Check 12

夢を語ろう！

なぜ介護の仕事をしているのだろう…　自分はなぜ今の職場に勤めているのだろう…

自分の3年後、5年後、10年後の姿は、いったいどのようになっているのだろう…

私がここ数年、とくに考えてきたことです。つまり、自分のビジョン（今後めざすべき姿）を持たないと、自分ならではの道は開けないのです。人の顔色が必要以上に気になって、失敗をマイナスに捉えることしか行えず、成長がないのです。仕事で嫌なことがあるたびに、退職しようかと迷って、自分の芯が揺れるため、自分をさらに追い詰めることも考えられます。

介護の現場で、「今日は、暇で……」「今日はとくにやることがないので……」こんな理由で、仕事中に油を売るスタッフもいます。今、何をすべきかわからず、1日を何となくこなして、日々の仕事が連続しないため、考えるという習慣がないのです。介護職の人に、将来について質問してみると、とたんに沈黙してしまうことは多いのです。もちろん、過去の私もその一人でした。この状況は、まさしく自分の将来ビジョンがない証拠であり、自分のビジョンを定めていればどのように限られた時間をうまく使おうかと、考える割合は自然と増えていくのです。

自分の将来ビジョンを打ち出すなか、注意をしなくてはならないことがあります。例えば5年後にとりあえず、とか、なんとなく介護支援専門員の資格を取得する、などということです。個人のスキルアップを図るうえで挑戦することはとても良いことですが、介護支援専門員の資格を取得した後にどうするか、自分の強みになることやどんなスタイルを築いていくのかを考えておかないと、資格を取得して目標が達成できた後は、再度、将来ビジョンが見えなくなって、また次の資格を取得しようとめざすのです。

つまり、将来ビジョンの掲げ方次第では、資格は宝の持ち腐れになる、と言うことです。介護福祉士にしろ、介護支援専門員にしろ、資格に見あった専門職の姿になっているかということです。資格を持っていても、その資格の役割や能力が活かされていないのであれば、もったいない話です。

利用者に喜ばれる介護が提供できるように、自分の数年後の姿を明確にして、力が湧いてくる状況を作りださなければなりません。力が湧きでてくる状況とは、自分が生きていることを実感することです。介護の仕事で輝く人材になるためには、楽しさと真剣さが、両方とも実感できている状況が必要です。仲間とたくさん夢を語りあい、ヒントが得られることもあります。時には、個人のビジョンだけでなく、職場のビジョンと繋がりが明確になることだってあります。

ただし夢を語ることは人を選んで行うことをお勧めします。夢を語っていてもバカにされてしまえば、前進できなくなる危険性は大いに考えることができます。

私も、自分のビジョンがなくお先真っ暗だった時期はとても長い経験をしました。しかし、自分のビジョンを明確にすることで、数年後の姿を見据えて日々努力を行うため、今日何をすべきかが整理できるのです。人との差が出てくるのはここなのです。

Check 13 どこか良い施設はありませんか？

養成校の在学中や介護講座の受講中の方、他施設に転職しようとしている方に、「どこか良い施設はありませんか？」と質問されることがあります。良い施設とは、それぞれどういうイメージでいるのか、非常に返答が難しいのです。意外に自分ではどんな雰囲気でどのようなところが良い施設と思っているのかわからなかったり、曖昧になっているのが現状です。

このままこの職場で先々働いていって良いのだろうかと悩んでいる方は、「となりの芝生が青い」というように他の施設の取りくみが素晴らしく良く見えたことはありませんか。弱った心を振りしぼり、所属する施設でも取りいれていこうと、もう一度頑張ってみようと心に誓ったことはありますか。

しかし、他の施設の体制や介護実践内容は、自分自身が所属する施設で形になることはほとんどないと考えることができます。なぜなら、他の施設と自分自身が所属する施設では、介護を必要とする利用者の顔ぶれが違い、働く介護職の顔ぶれも違い、更に職場方針や体制も違うからです。いきなりやってみようと思ってもできないというのは、力不足とかではなく当たり前ということになります。世間が言う、隣の芝は青い！こんな落とし穴には絶対に落ちてはなりません。

では、どうしたらそれぞれが思う良い施設に巡りあえるのでしょうか。おそらく捜し歩いても見つかることはないでしょう。自分が納得のいく良い施設であると実感するのは、働く職場で皆が力を合わせ実現することが一番だからです。

良い施設と思える環境は、職場をどれだけ好きになれるかにかかっています。掃除をして設備を可愛がることも対策の一つであり、建物に日々愛情を注ぎ、職場を好きになることから試してみることをお勧めします。整理整頓ができずに、人の介護はできないからです。

スタッフ同士の人との繋がりは、お互いが支えあうことで、かけがえのない存在となります。それは刺激にもなり、他にはないスタッフ同士の絆が生まれ、良い職場と捉えることは大いに期待できます。結果的には、人との繋がり具合で判断されるのではないでしょうか。

また、うちの施設は素晴らしい、などと言っている施設はあまり信用しない方が良いです。問題や課題がもみ消されたり、表面上に出ていない可能性があり、施設運営をしていて問題や課題がない、ということはありえないからです。このような施設は、苦労をしている、というほど利用者のための苦労はしていないことがあります。逆に苦労を語り、失敗は多いが泥臭く試行錯誤を繰りかえし、認知症の人の本音を追い求めている施設の方が、よっぽど自分の親を利用させたいと思うのではないでしょうか。素晴らしい施設と判断するのは、すべて利用者なのです。

職場の環境は、時にはスタッフ同士が牽制しあい嘘ばかりが飛びかう雰囲気になり、人間にも限界がやってくることは残念です。スタッフの足元を見て、だましあいを展開する環境も、スタッフからスタッフに伝わり、仕事に対する必要以上の不安や恐怖感にさらされます。まともに介護に向きあえない状況を味わうこともあります。それでも、利用者にはまったく関係のないことであり、利用者は介護職の介護を待っていてくれるのです。

介護に対する想いがあるのであれば、ぜひ職場を好きになるための工夫を行い、納得のいく状況を自分の手で掴むことに挑戦してほしいと思います。

どの施設も、必死になって汗を流しており、さまざまな問題が存在していても、解決の糸口は必ずあります。困難な山をいくつも越えていけば、自分自身の働く環境が一番良い施設であると認めることができるのです。働く施設が一番とはいえない状況であれば、これからです。大丈夫です。

良い施設

良い施設とは、自分自身で作るものです。
職場内で人との関係をつくることを
積み重ねましょう。

Check 14 経験を積めば成長できるに引っかかるな！

昔、介護職の先輩や先生などに経験を積めば成長ができると励まされてきました。私はその言葉を信じました。介護の仕事に就いていればいつかは立派な人間になれると思いこんでいました。介護を経験して3年が経った頃でしょうか。毎日仕事が終われば、朝まで友達と飲みあるき、パチンコや競馬で給料を倍にしてやろうと闘志を燃やし、ナンパで一花咲かせようと、とにかく遊びまくった約3年間でした。時間にルーズで約束を守らない、適当（悪い意味）が似合う間違いなく世間で言うダメ人間でしたが、ばっくれずに二日酔いでも毎日デイサービスセンターには出勤していました。間違いなく、そのうち自分は成長できると介護職の先輩や先生にいわれたことを相変わらず信じていました。

学生時代の介護職の友人とも会う機会があり、同い年で新たな資格取得に励み、介護の方法や考え方を語っているのを聞いて、初めておかしいと思いました。

つまり、ただ毎日決められたことをこなすだけでは何も変わらないということです。努力もしないでその先はない、ということです。何かを得ようとうまく理解もできない状態で、不器用にも介護技術の本を読みまくりました。介護の質の向上は、提供する介護に根拠を示すということが大切で、根拠をもとにした介護を行わないと何年たっても成長はないと気づきました。

たとえば、Aさんは右半身に麻痺があり、杖歩行をする利用者が脱衣所から浴室まで移動する際、杖を使用せず移動したいと言っています。介護職としては、利用者の麻痺側右斜め後方に位置します。その根拠は、右半身麻痺であるAさんは、右側の歩行感覚が鈍く前傾姿勢で歩いています。数日前も右側に転倒していることから麻痺側右斜め後方から付き添い、高確率で安全を確保すると表現することができます。

また、介護の基本は世の中に1つであると考えます。たくさんの介護書籍が書店に並んでいますが、スタッフ同士が互いに介護の基本や利用者の状況をもとに根拠を示しながら議論することで、納得のうえで、そのつど、1つの意見にまとまるからです。「私の学校では、○○だった」と意見を言いあっていても、なぜその利用者に対し麻痺側右斜め後方の位置から付き添うのか、根拠を示さなければいつになっても介護の統一性は実現しないのです。

ここで伝えたいことは、指示待ち人間ではなく、根拠を示して自分で開拓する人間になる必要があるということです。介護職としてなぜ、なぜ、なぜ、を展開していくことで、利用者が介護職をより必要としてくれるとともに、自分たちの成長が確実に実感できるのではないでしょうか。

Check 15 成長を止める大きな誤解！　まずはやってみる！

私も、中年の域に達しているいま、気づいたことがあります。自分の若かりし頃もそうだったかもしれませんが、介護スタッフの傾向を観察すると、男女を問わずカッコつけて仕事をしている者が大勢いるということです。利用者に迷惑がかからないよう、わからないことは確認しあったり聞けば良いのです。しかし、他スタッフに聞きにくいとか聞けないと思う前に恥をかきたくないと思っていることが心のどこかにありませんか。世界から日本国は、恥の文化であると言われていると聞いたことがあります。つまり、恥をかかないようにわかったふりをしてわからないことを隠すことが介護の支障になっているということです。

人間は、美味しいパスタを食べればもっと美味しいパスタが食べたくなるように、欲求は果てしなく次を求めて前に進もうとするのです。人間が求める欲求は限りなく、介護職も上限なく利用者への貢献ができるよう、恥をかきながらでも限りなくレベルアップを図らなくてはなりません。恥をかかないようにと思い、介護の場面で不安や曖昧さが重なり、介護専門職から笑顔が奪われる致命的な状況に陥ると利用者本位の介護は絶対に実現することはありません。

利用者本位の介護を数多く実現することには、「まずはやってみる」というのも前向きで近い将来が楽しみになる良い心構えです。但し、まずはやってみるには十分な戦略を練って精一杯の取り組みを行うことが前提であり、十分な戦略がないままその場しのぎや妥協がないか十分検討する必要があります。この留意点を抑えて、「まずはやってみる」を実施すれば、実施後の結果は必ず出てきます。

結果は、うまくいったことや失敗したことを両方から振りかえれば、次の策は必ず見えてくるものです。これが取り組みの成果です。「今日は、利用者Aさんと○○公園に行けて良かったね」とスタッフ同士で会話をして1日を終えることは正しいことなのでしょうか。次回はAさんの好きな草花の多い散歩コースを選び、満足の様子を見てみるなど、次に向けての反省点を必ず挙げ、もっと満足いただける介護ができるよう良い意味で欲をかく位の姿勢でいるべきなのです。

よかった
よかった
うっう…(泣)
せっかくやろうと思うのですから、
妥協をしないことが大切ですね

Check 16 成長を止める大きな誤解！　理想と現実

現役の介護職や、介護職に就こうとさまざまな養成校や介護講座で日々学びを深めている方は、施設実習などで多かれ少なかれいくつかの介護の現場を見ているはずです。

学生時代や介護講座を受講していた時の介護に対する高い期待感と、実際に目で見る介護の現場にギャップを感じたことはないでしょうか。教科書に書いてあることは、きれいごとで実際の介護現場は違うといった感覚です。介護現場は、そんな簡単にはいかないと学校での学びと介護現場の経験を自ら切り離してしまうのは、実にもったいない話です。

介護職は、制度があって職場があるのであって、学びに使用するテキストはきれいごとで済まして良いのでしょうか。適当にテキストが販売されているわけではないということです。テキストに書いてあることや学校の授業で学んだことは、介護職として実現し、継続するものなのです。テキストは理想で介護現場は現実というように、理想と現実を切り離した時は、できないと諦めている自分自身が逃げ腰になっている証拠です。理想と現実という視点で考えてしまうと、認知症のAさんとの関わりを最初から諦めてしまったり、新しいことに取り組むことに負担感があったりと、重たいお尻があがらなくなるのです。

介護職の姿勢として、テキスト通りに進めるだけでは利用者のニーズに応えるためにも不足はありますが、職場としてテキストの基本を参考にするという意味では、効果が期待できます。基本をもとにAさんに関わる方法、Bさんに関わる方法を応用させていくのです。基本をもとにした応用の際には、利用者に安全の保障は絶対に忘れてはならないことを添えておきます。

介護職としての成長を遂げるためにも、逃げ腰になることは早急になくしていきたいものです。チーム内で案を持ちより、提案がまとまっていくなかで、理想と現実はイコールにしていなければならないと強く意識する必要はあります。

介護の専門性を、基本をもとに自分たちで方法を考え、あみだす事と捉え展開していくとよく認知症の人に嘘をつくな、ごまかすなと介護職は上司などから介護方法を次々と奪われていくことがあります。介護職はいつも苦しい選択を強いられ、どうしていいかわからず、つらい立ち場で認知症の人たちと接して必要以上のストレスを感じていることがあります。介護職は日常的に、利用者の前で究極の選択を迫られているということです。

これは、賛否両論かもしれません。認知症介護を行う場合には、期間設定を行い、たとえば３か月後には安心して利用していただくという目標達成を視野に入れているのであれば、認知症の人との関わりのなかで「このドアは開きません、点検中です」、電話をかけていないのにかけたふりをして「留守のようですね」など介護の一過程のなかでは嘘やごまかしは良いと思っています。これは、介護職の成すすべなしの精一杯の結果だからです。目標達成も視野に入れず、ずっと嘘やごまかしを続けるから駄目なのであって、うまくいかなかったら次の方法を探していけば良いのです。このように試行錯誤を繰りかえし、目標達成にたどりつくことが介護過程なのです。後に認知症の人と介護職が、信頼関係を築いていける方法になるのではないでしょうか。そもそも、認知症の人のことをすべて理解できる神様のような存在はいません。たとえば認知症の人が亡くなるまでの5年間、ずっと嘘やごまかしで関わるよりも、3か月間だけはAさんがどうしたいのかを考えながら試行錯誤を繰りかえし、嘘やごまかしもアリで関わりをしていきます。望む関わり方が明確になれば、4年9か月はAさんのペースで暮らすことができる割合は増えていくのです。どちらが良いかは一目瞭然です。家族にも、最初からうまく関わりますとか約束せず「Aさんが求める関わり方を見つけるまで、時間はかかりますが期間を定め目標を持った介護を行います。ご家族にも相談や報告をさせていただきます」と話をすることも理想と現実をイコールにして取り組みができるポイントになるのです。

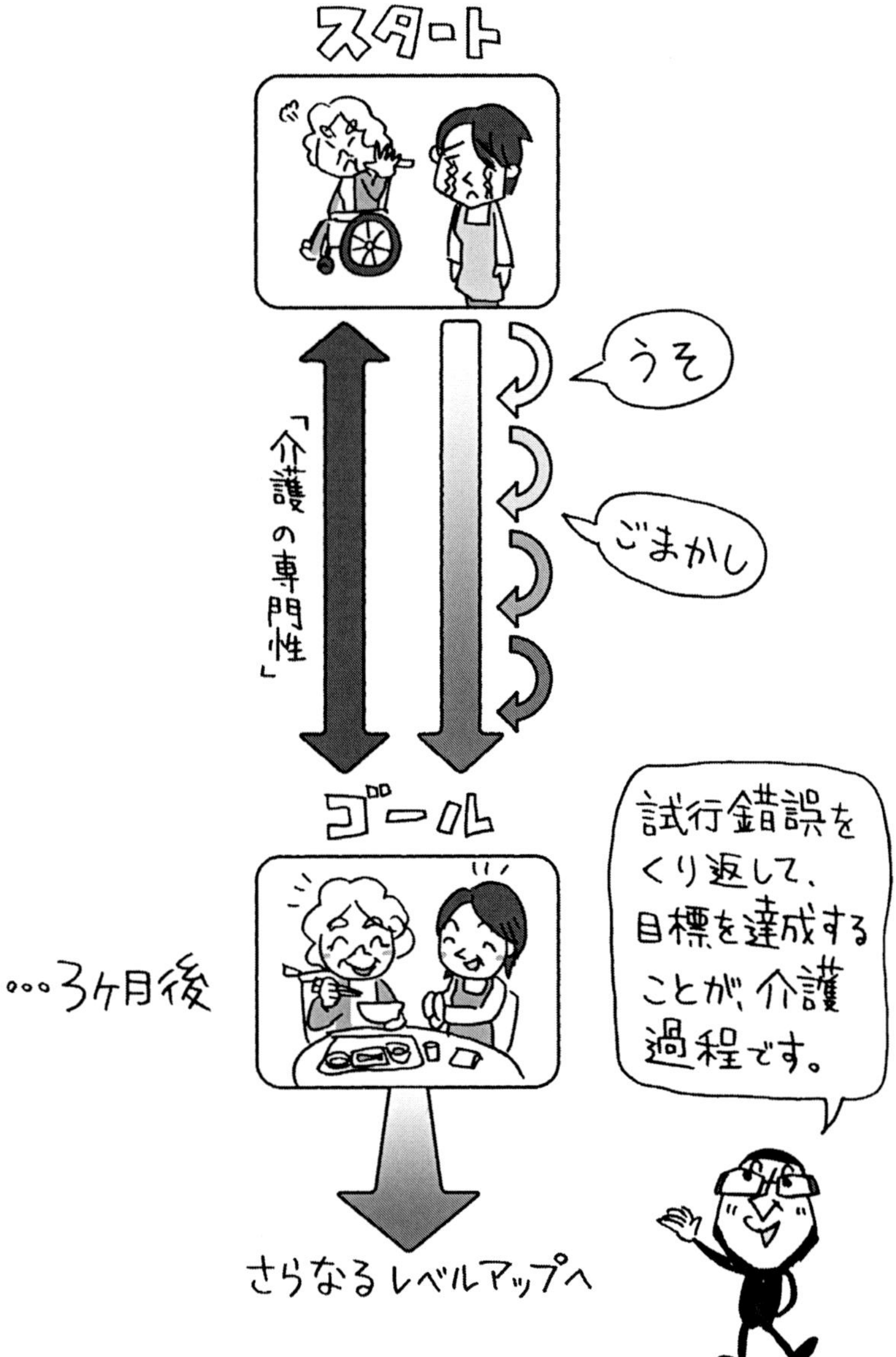
スタート
「介護の専門性」
うそ
ごまかし
ゴール
…3ケ月後
試行錯誤をくり返して、目標を達成することが、介護過程です。
さらなるレベルアップへ

Check 17

自分のことは自分で管理

認知症のAさんとうまくいかない、スタッフ間の関係がうまくいかない、やりたいことがあるけど職場の体制が原因で思うようにいかない。特別養護老人ホームで施設長を務めていた時、各現場をまわるジョブラウンドを実施している時に、スタッフから相談を受けたケースです。それぞれの現場にうかがうと「今日は、何ですか」、「なんでいつも来るんですか」と警戒したり疑問に思うスタッフもいました。当時のジョブラウンドの目的は、スタッフの顔を見ることでした。スタッフには、「入居者に挨拶をして様子を見に来ているんですよ」とジョブラウンドの意図を伝えず、必要以上にスタッフが身がまえないよう、できるだけ素の状況を確認したいと考えていました。一時期、出勤時は毎日ジョブラウンドを行い、利用者ともたくさんの挨拶を交わしました。時には2、3日空けてジョブラウンドをすることも、スタッフの顔の変化に気づくこともありました。スタッフには、今日は変わったことがないかどうか尋ねるだけでも沢山の課題を発見することにも繋がりました。表情が曇っているスタッフに訪ねてみると、

・プライベートで彼女とケンカをして別れを告げようか迷っています。

・実は、昨日交通事故に遭ってしまいました。
・最近、夜眠れないため、身体がだるいです。
・仕事で悩み、昨日飲みすぎてしまい先ほどゲロしてしまいました。
・家族の体調が良くありません。
・昨日、スノーボードに行って体がボロボロです。
・上司が、仕事をやめろというような感じで圧力をかけてきます。
・会議では、特にないと言っているのに裏では恐ろしいほど活動する密告者がいて、仕事がやりづらくて何とかなりませんか。
・あのスタッフは、自分が一番正しいと思っており、一番苦労していると思っています。
・あのスタッフが仕事をしないので、自分に仕事が集中し負担が大きいです。
・指導をしていますが、スタッフが聞く耳を持たないので無理です。
・言っていないことが、自分が言ったことになっており、面倒です。

など、さまざまな意見が出てきます。世間で言われる、仕事とプライベートは区別しろと言われれば表面上はどのようにすればよいかわかる気はしますが、プライベートでも嫌なことがあれば仕事中のスタッフの表情は嘘をつかないのです。誰でもプライベートと仕事はイコールなのであり、職場がスタッフに対して心のケアを行うことも大切なことですが、人の暮らしを支える介護職は、心身の自己管理が欠かせません。介護職の仕事は、感情労働というものであり、ストレスが溜まる仕事だからです。

以前、施設に入居している車椅子生活のAさんは、昼夜問わず1日に何度もトイレに向かいました。Aさんは、「お漏らしをしたら迷惑をかけてしまうから」という理由でした。スタッフはAさんがトイレに入る際、過去に何度も転倒していることから、大きな不安を抱えながらトイレ介助に追われていました。Aさんの介護に費やす時間は、日増しに多くなっていきました。

スタッフBが夜勤の時、恐れていたことが起こってしまいました。スタッフBは、夜間帯に何度もトイレに行くAさんに対して、他利用者の尿で汚れているズボンを顔に投げつけたのです。翌日、Aさんからの訴えがあり虐待の事実が明らかになりました。Aさんは、「スタッフBに、もの凄い顔でやられたのよ」と何度も何度も訴えていました。

スタッフBは、仕事のことよりもプライベートのことでイライラしていたことがわかり、職場体制やスタッフとしての心身の自己管理について課題が浮き彫りになったのです。Aさんと家族に謝罪を行い、二度とこのようなことが起こらないよう約束をしました。行政へ報告を済ませた後に、Aさんがトイレで転倒しないための対策をしました。人間の排泄行為は待ったなしの行為であり、Ａさんも我慢の限界があります。そこで、トイレにはＡさんのペースで自らトイレに行ってもらうこととし、トイレの入口に手すり替わりとなるテーブルを設置しました。結果的に、自らテーブルに掴まってトイレに入り、トイレの中では手すりを使用してもらったことで、転倒する事故は軽減されスタッフのストレスも軽減されていきました。対策はしましたが、介護職がとったＡさんへの言葉や行動は二度と消えることがありません。それほど、対人サービスである介護の仕事は、時には慎重にならなければならないということになります。

介護は、自分自身に合った心身管理を見つけ、継続することがなぜ必要なのか理解が必要です。ちなみに私の心の管理は、自家用車に乗っているとき、あこがれの長渕剛さんになりきって歌うことです。お金を使うストレス解消は、財布の事情によって我慢をしなくてはなりませんが私の場合、自家用車を使うことは日常の習慣であり、短時間でストレス解消が図れるため、明日に望める自分にあった方法です。心身の自己管理は、今日の仕事が終わってから次の仕事までに、介護で溜まったストレスをゼロにする技術を身につけることが急務です。

利用者は、長年の人生経験から培った感性が優れており、スタッフの心と表情の違いは簡単に見破る力を持っています。だからこそ、サービス業を行う介護職は、自己管理が必要なのです。

しっかり睡眠
しっかりオフ
ありがとう
ふきますから大丈夫ですよ
イライラ
ドカーン!!
何やってんだって!!
介護職は、人の介護をする前に『自分に対する介護』をしっかりやらないといけませんね。

Check 18 愚痴（ぐち）は力なり

「あのスタッフは、口うるさくて面倒くさい」「あいつが裏で密告している」「あのスタッフは何もやらない」「こんなに仕事をやっているのに評価もされない、給料が安い、やる気がでない」「何回も言っているのに全然理解してくれない、あのスタッフはダメだ」職場にまるで活気がないときに飛びかった愚痴です。完璧な職場は存在しないし、愚痴をあげればきりがありません。これから介護の仕事に就こうと思っている人も、どこから聞いたことなのか介護を行う職場の人間関係に不安を抱えていることが少なくありません。そのなかでも介護の仕事に就きたいのですが、人が多く集まる職場だからと、陰で愚痴を言いあう裏と表の環境をイメージしており、精神的疲労について心配しています。意見の食いちがいや個人の感情同士がぶつかり揉めごとになるのは、状況を乗りこえなければ介護のやりがいが得られないのは明らかです。

では、どうしたら人間関係の壁を越えられるでしょうか。全ての解決に繋がるわけではありませんが、職場やスタッフの不満を、話しやすい人に打ち明けるという方法があります。愚痴はどんどん言ってみれば良いのです。ただし愚痴を言って聞いてくれた人と、その状況をどのように解決していくかを考えて、最善を尽くせば愚痴は力になります。愚痴を言いっぱなしにすると、職場でも世間でも印象が悪いのです。対象的に、愚痴を言うのをやめようと考える人もいますが、それは職場の質向上を諦めている場合があり、いつしか疑問を持つことも自分の意見を述べることも妥協してしまう傾向が見られます。職場がどうなっても関係ない、利用者はどうでもいいと言っていることと同じなのです。

介護職として更に成長を望むのであれば、会議の場を最大限に活用することも考えられます。職場内での立ち位置から、発言に抵抗があるのであれば直属の上司に託せば良いのです。会議の場では愚痴であろうが不満であろうが、意見として成立し、裏で愚痴を言っているよりは正当性があり誤解を少なくすることができます。それぞれの愚痴や不満を裏がえしすると、みな自分の職場を良くしていきたいという想いがあります。話しあいを重ねれば、皆の根底にある職場を良くしたいという統一された想いに合流します。問題が解決されないのは、話しあいが不足することから起こることが非常に多い現状があります。利用者のために、自分の考えを持って解決の提案を行い、状況の解決まで責任を持っていただきたいと思います。

また、職場で迷った時は一呼吸おいて、自分は何故介護職に就いたのか振りかえってみることも、自分を見失うことがなくなるかもしれません。

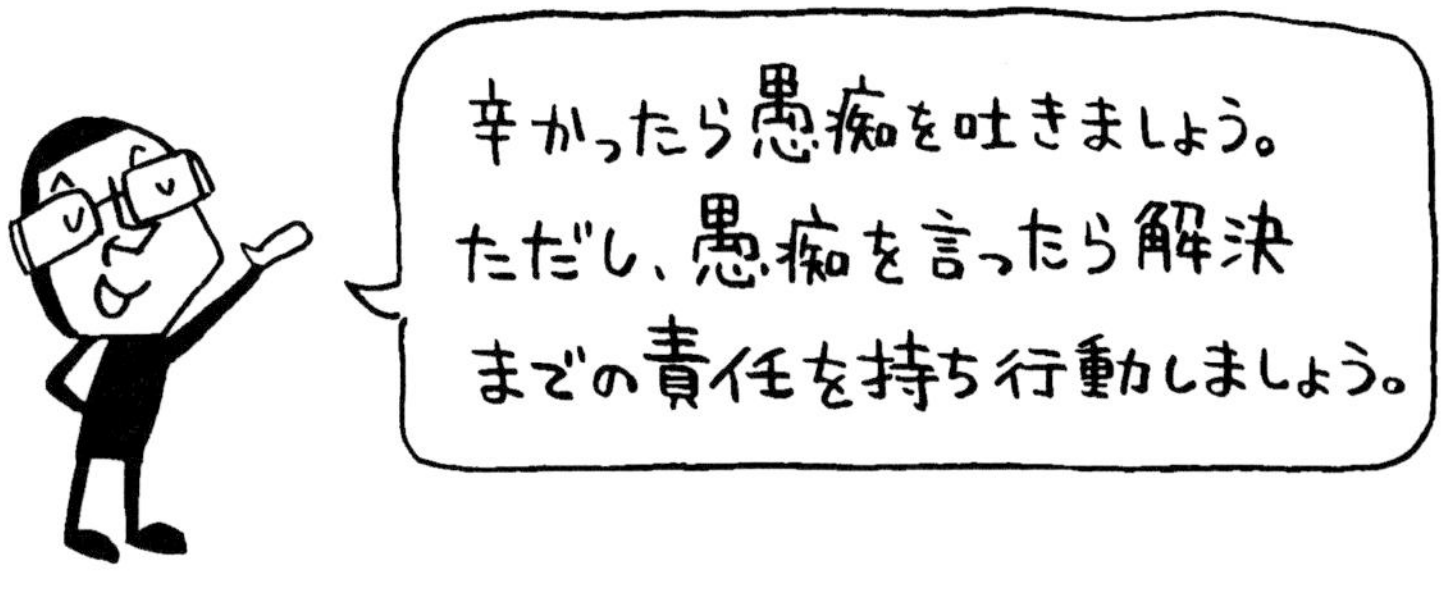
辛かったら愚痴を吐きましょう。
ただし、愚痴を言ったら解決
までの責任を持ち行動しましょう。

Check 19 給料安い？　未来は自分たち次第！

皆さんは、「介護の仕事だなんて偉いね」「介護の仕事は大変でしょう」と同情されたことが経験上ありますか。介護の仕事に就いている人なら、一度は言われたことがあるのではないでしょうか。決して良い気持ちにはなりません。世の中が介護を特別な仕事とささやいていることにつられ、介護職は特別な存在と思ってしまい「介護は苦労が多くて大変ね」と被害意識になることがあります。どんな職業にも尊敬される面や大変さがあり、仕事には変わりないのです。

職場に勤めていれば、不満はたくさんあることでしょう。しかし、なぜその不満をそのままにするのでしょうか。介護職同士で、かわいそうな自分たちと思って、傷の舐めあいをするのでしょうか。

たとえば、給料が安いと思っていることがあります。家族を抱えた生活の事情や、数カ月に1回は贅沢な食事をしたい、など給料をいくら貰えば高いと思うのか、給料をいくらしか貰えなければ安いと思うのかは、個人差があるため正確な基準は定めにくいものです。しかし最初から高望みすることは、よほどの人でなければ実現は難しいということを理解しなければなりません。

ここで伝えたいのは、満足する給料を貰うには、職場のために結果を出したのかということです。利用者が満足する介護サービスの提供ができれば、すべて良いということではありません。制度のこと、介護のこと、お金のことについて、すべて密接な関係を意識して結果を出しているのかということです。

施設の経営事情もあると思いますが、私も介護の世界に入ったとき涙が出るくらい低い給料である、と思ったことは一度や二度ではありません。しかし、いま思えることは、介護係長、介護課長、施設長と言われても、それだけの評価でしかなかった、ということに尽きます。冷静に考えてみれば自分だけが頑張っていると気を強くしていただけなのです。

人のモチベーションのサイクルは、誰もが1年の周期だけに絞っても、上下するものです。本当の介護の魅力を実感しないうちは、必要以上にマイナス思考で考える悩みがあります。

その他にも組織やスタッフ同士のいざこざ、介護がうまくいかない悩みなどモチベーションが下がる要因は山ほどあります。

しかし、介護職としてスタッフ同士のいざこざがあったからといって、意見を述べることをやめてしまっていいのでしょうか。介護職は、利用者の想いを背負って仕事をしているわけですし、リーダーや主任クラスであれば部下の想いも背負っているのです。以前は、眼が輝いていたスタッフですら意見をすることをやめてしまったり、何か行動を起こそうと思えば他者から叩かれることが面倒くさいと感じ、余計なことはいっさい口を閉ざしてしまうケースもあります。そして、仕事では人に突かれないよう、無難にその日その日をこなしていけば、余計なトラブルは少なく、刺激も少ないのです。この状況を「平和」という人がいました。この「平和」とは、変化がなくマンネリ化でだれているということです。特に職場において何かに挑戦するわけでもなく、言われたことだけこなすという残念な状況なのです。だから、安定しない職場には意見を言わない人たちだけが素直な人と言われ、出勤すれば給料が貰えるという安易な考えで、その職場に留まるのではないでしょうか。これでは、介護が良くなるはずがありません。

ある講演会に参加したとき、非常に悔しい思いをしたことがあります。「介護の仕事は、給料は安いがお金ではなくやりがいです」と講師の先生が述べたのです。正直、私はこの言葉に、イライラしたことを覚えています。介護職の姿を、開きなおってこれで良いのですと言わんばかりの言葉に聞こえたからです。日頃の仕事と照らしあわせ、けっして間違ったことではないと思っていた人もいると思いますが、最近ささやかれる介護人気の低迷の原因はここにもあり、介護の仕事はさらに人気のない職業になってしまいます。サービスの質を向上させていくために、これからの介護の仕事は、やりがいも対価も両方追求することなのです。片方に限定して解釈するから、介護職の先行きが不安になるのではないでしょうか。

さらに公の場で話をするなら、お世辞はなしに介護業界の未来は自分たち次第であると希望を託し、今後の展望に繋がるようエールを送る話をするべきではないでしょうか。人間は、力が湧いてくると集中力が増し、大きな力が発揮されます。きっかけさえ掴めれば、予想以上の成果が期待できるのです。

悩んでいるのであれば、まずはがむしゃらに、いろいろ試してみることをお勧めします。未来の介護を担うのは私たちなのですから。

Check 20

経験年数の分かれ道！

「介護経験、〇〇年です」という自己紹介は、相手との会話や自分を知ってもらうためには必要なことです。私自身も、自己紹介の時には使用することはありますが、最近「介護経験」について疑問に思うことがあります。

例えば、「介護経験26年です……」たしかに相手を経験豊富と見ることはできますが、25年どんな介護人生を歩んできたのだろうと思うときがあります。

現に、すべての項目というわけではありませんが、介護経験10年戦士よりも介護経験3年戦士の方が、制度にもとづく仕事の展開、施設に貢献しようとする熱意、利用者からの好評価において、実力的に上まわっていたことがありました。

つまり、介護経験〇〇年ということが素晴らしいのではなく、その〇〇年、どんな取りくみをしてきたのかが重要であるということです。ただ、時間の流れとともに何となく仕事を行い、経験年数を積みかさねても、お客様が喜ぶ介護サービスにはたどり着くことはありません。ときには、経験年数〇〇年だから……と新人スタッフが入社したときや、部下に対して、敷居の高い雰雰囲気を出して「話しかけるなオーラ」をかもしだし、必要以上にスタッフに悩みを抱かせてしまうことがあります。指示をすることは、上司としては必要なことですが、ろくに根拠も提示せず苦手なスタッフに圧力をかけ、絶対にやれという感じで強くあたりいじめ材料にもなりかねません。さらに経験年数が周りのスタッフよりも多いと感じたとき、かなり上から目線で偉そうにする勘違いの人もいます。結局、介護現場でうまくいかないときには言った方も言われた方も後悔しか残りません。大先輩から「失敗はしても、後悔はするな！」と、ある忘年会に参加したときに心に残るメッセージをいただきました。後悔とは、目標達成までに手を抜くことと捉えることはできますが、後悔しないためには悩みは相当多くなります。

悩んでいても、なかなか口にできないことの方が多いのではないかと思い、悩んでいる人の改善すべき5か条を掲げてみました。

1条　やると宣言したことはやりきること。できないではなく、やるのです。
2条　やっていないのにごまかさないこと。目の前の仕事をやっていないのに勝手に先に進めることはやらないことです。
3条　「忘れた」が2回以上続くときは、仕事で工夫をしていない証拠です。

4条　基本的に仕事は余裕を持って行い、期日までに再確認できるくらいの状況を作るべきです。
5条　楽な仕事に逃げないこと。解決できないのは当たり前です。

介護現場には、経験が少ないからと消極的になる場面がありますが、介護職は毎日工夫をして介護の仕事に力を注いでいくことが成長できる道なのです。一日一日の悩みを乗りこえることに必死で取りくみ、積みあげる経験年数は確かなものになります。
介護未経験で介護職に就こうかと迷っている人、介護経験が少なくて不安に思っている人、明日からどんな工夫をして介護に向き合うか、それを考えてみませんか。

第3章　人の役に立つ認知症介護に向けて

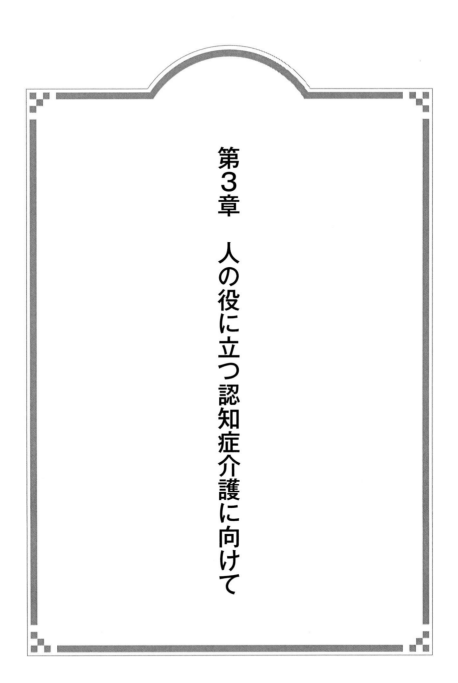

Check 21 認知症介護の心構え　マニアになれ！

認知症の病にかかる人が年々急増しているなか、介護の仕事で認知症の人と接点を持たないことはあり得ないという時代になりました。認知症介護に対する知識や正しい考え方は、利用者のためだけでなく介護職の負担を減らすことになります。

私は、認知症介護というものをまったく知らずに認知症の人と接していたとき、認知症介護はとにかく耐えることだと結論づけていました。

真夏の季節に、朝から認知症のAさんはとにかく屋外を徘徊します。ある日、介護職の声かけによる混乱と、場所が理解できないことで道路から歩く道がそれ、山の中を半日以上歩き続けました。認知症のBさんは、石が積んである崖を上り、後をついていく介護職を不審に思い、崖の上にある蕎麦屋の庭に到達した途端、Bさんは自己防衛のためにとにかく介護職を殴りつづけました。

私は毎日の認知症介護に、朝起きるのがしんどくなり職場までの足取りが非常に重かった時期があります。

しかし、認知症介護にも基本が存在し、基本を活用して介護に望んだところ、関わり方が無数にあることを学びのなかで知りました。その基本が、中核症状と行動・心理症状の関係性です。中核症状は、認知症になると必ず出現する症状であり、改善はされません。自分が死んでも中核症状はお墓まで持っていくことになります。主な症状としては、いま起こったことや最近起こったことを覚えておくことができない、時間が分からない、季節がわからない、迷子になる、相手がどういう人なのかが分からない、会話や状況に対して理解ができない、思っていることを相手に伝えることができない、うまく服が着られない、頭のなかで計画立てたものが順序立ててできなくなり、食器洗いやトイレの行為がわからないなど今までの生活とは大きくかけ離れていきます。ただし認知症の人の進行度合いによって症状の出現はさまざまで、徐々に重度化していきます。

それに対して行動・心理症状は、スタッフの言動が不快、部屋が寒い、椅子の座り心地が悪い、目の前に座っている人の目つきが悪い、カレンダーが掲示してあっても今日は何日なのかがさっぱりわからない、時計が見えないなど、認知症の人の心理が作用して起こる症状であり、へそを曲げたような状態です。適切な介護で改善ができます。行動・心理症状は、徘徊、異食、攻撃的な行動、不潔行為、介護の抵抗、作話、興奮、落ち着きがない、などさまざまなものが対象であり、認知症の人との関わりで大変と言われるのはこの行動・心理症状です。

中核症状と行動・心理症状の関係性を知ることで、認知症の人の不安解消や、家族やスタッフの精神的負担の軽減にもつながり、さまざまな解決の糸口が見えてきます。行動・心理症状は、認知症の人の不快や不安などマイナス感情が原因であり、介護スタッフから出ているオーラが認知症の人へのマイナス感情につながっていないか、環境や言葉遣いなどは認知症の人にとって満足のいくものになっているか、常に介護の振りかえりを行うチャンスがあるのです。つまり、認知症介護は耐えることではなく、心と向きあうということになります。

認知症の人は徐々に感情のブレーキが利かなくなったり、どうしたら良いのかわからなくなったり、さまざまな言葉や行動にそれが現れます。認知症の人が心で考えている一瞬一瞬を理解しようと努力し奮闘する姿は、認知症介護マニアでないと仕事は務まらないのです。マニアやオタクといわれるくらい、認知症の人の症状や心を考えて向きあい「認知症でも心配ありません。私たちがいます」という意気ごみで誠心誠意のサービスを提供することが使命なのです。

トースターにビニール紐を入れてチンされたり、コンセントのカバーを壊されたり、認知症の人と暮らす毎日は意外なことの連続であり、「当たり前を当たり前と思わない」姿勢で関わることが大切と考えることもできます。この姿勢は、認知症の人がどうしたいのだろうと介護職が考える習慣の定着にも繋がるものです。

フフフ…
伝説の介護マニア集団

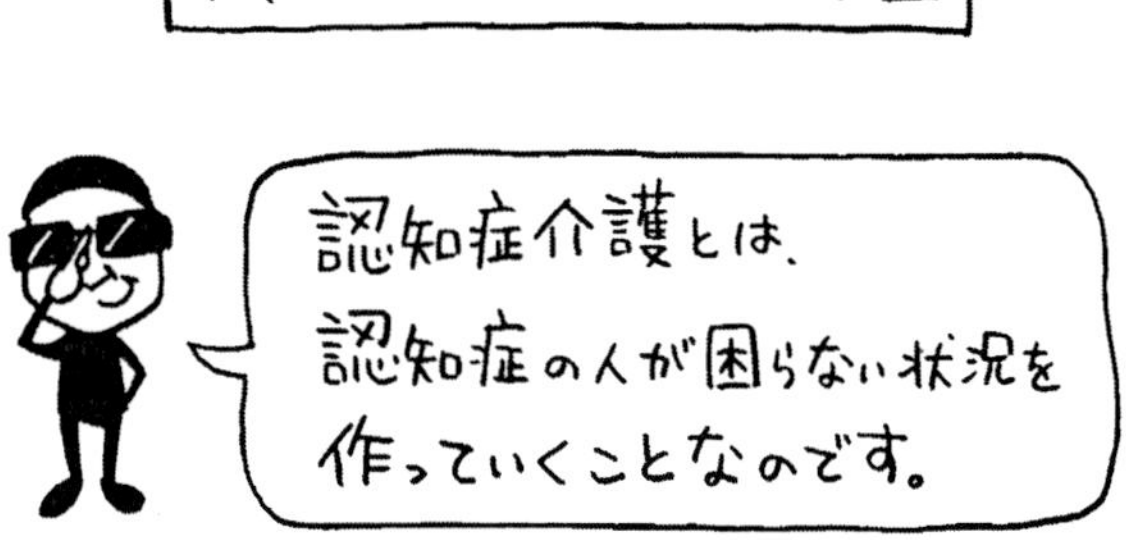
認知症介護とは、
認知症の人が困らない状況を
作っていくことなのです。

中核症状と行動・心理症状の関係性

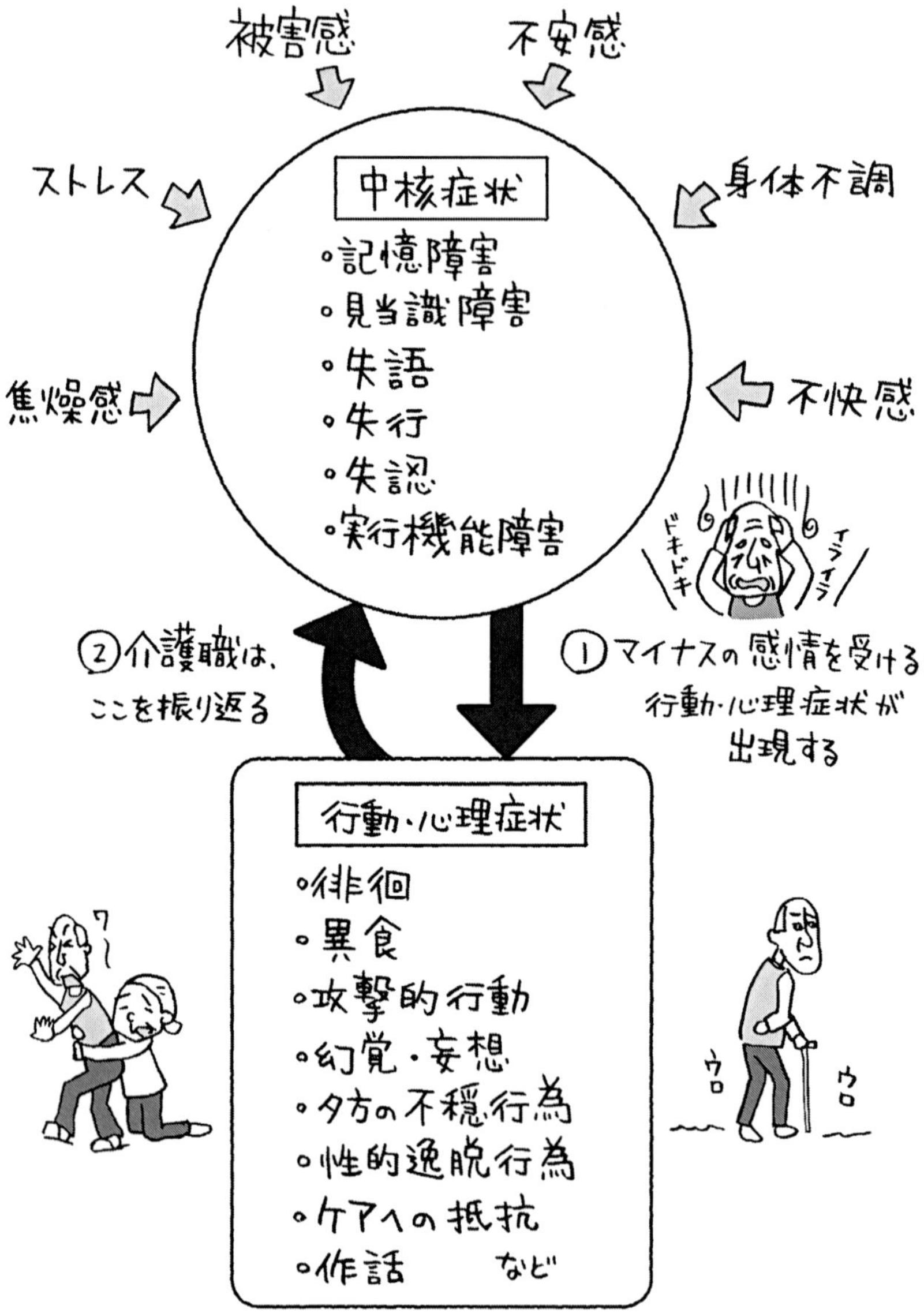

Check 22 コミュニケーションの捉え方で、専門職の行動が変わる

私が、介護福祉士の卵や介護職員初任者研修（旧ホームヘルパー2級）の実習生を受け入れる、施設の実習指導担当をしていたときのことです。

実習生Aさんの本日の目標は、コミュニケーションを積極的に図るという内容が、実習日誌に記入されていました。実習生を受け入れる施設側の心構えは、実習生の目標達成をお手伝いすることです。実習生に一つでも学びを持ち帰っていただけるよう、スタッフ側も緊張しているものです。

当時、実習生が現場の実習に入る前、利用者に失礼がないように必ずオリエンテーションを実施していました。実習中の留意事項として、分からない時は近くのスタッフに必ず声をかけ、事故につながらないよう曖昧に利用者の対応をしないことなど実習生と約束しました。また、利用者と話をする時は、椅子に座って話をしてほしいとお願いしました。これは、スタッフが腰を下ろした姿勢や中腰の姿勢で利用者と話をすると、利用者はいつその場を立ち去られてしまうか不安になることを防ぐためです。実習生Aさんは、車椅子を使用している認知症のBさんに近づき

オリエンテーションで話した通り、椅子に座りBさんに話かけました。「私は、〇〇学校からきました、Aと申します。実習は初めてで、介護のことは右も左もわからなくて不安です。宜しくお願いします。私は、〇〇町に住んでいまして、今日は、家を7時頃でてきました。Bさんの自宅はどこですか。好きな食べ物はありますか」このようにBさんからの返事を待つことなく、マシンガントークを繰り広げたのです。Bさんは、会話をかわすかのように、Aさんが座っている場所とは逆の窓側の方を見てしまいました。するとAさんは、すかさず椅子を持って窓側の方に移動し、「過去にどこか旅行に行きましたか。行っていませんか。宮城県の仙台市は行きましたか。私は何回も行っていますが食事も美味しいし、良いところですね。最近美味しいものを食べましたか」と相変わらずのマシンガントークです。Bさんは、眼を閉じて下を向いたまま一度もAさんを見ることはありませんでした。

実習生Aさんと夕方に、反省会を行ったときのことですが、本日の目標の達成状況を聞いてみました。Aさん曰く、あがり症で介護の仕事に不安を抱えていましたが、緊張せず自分から沢山話をすることができたと、満足気で達成感に酔っていました。Aさんは、「介護の仕事に向いていると思います」とまで言いきり満面の笑みで話してくれました。

そこで、Aさんに「もしコミュニケーションって何ですかと聞かれたら、分かりやすくなんて説明しますか？」と問いかけてみました。すると、「コミュニケーションとは会話です」と返事が返ってきたのです。

問題は、ここです。コミュニケーションを会話と捉えることで前文の事例のような行動になるのです。では、どのように解釈すると利用者に不快を与えないのでしょうか。コミュニケーションは、共有すると捉えることが適切です。コミュニケーションの成立を体得するためには、コンビニで買い物をする場面を想像すると非常にわかりやすく考えることができます。たとえば４８０円のカレーうどんを購入するため、レジに商品を持っていったとします。店員は、４８０円をレジ打ちしお客様に「４８０円です」と伝えます。お客様は財布を開け、４８０円を店員に支払い、商品を受け取ります。

この場面での商売を行う店員の心中は「４８０円支払ってください」とお客様に訴えています。それに対し、カレーうどんを受けとろうとするお客様の心中は「４８０円払わなくちゃ」と思っていることで、財布を開けるのです。コンビニで買い物をするとき、店員と一言も会話をしないことがあると思いますが、立派にコミュニケーションは成立しています。つまり、コミュニケーションとは、必ずしも会話に限定されるものではなく、お互いの心が同じになっていることが確認できたとき、共有したということなのです。

この実習生の事例の場面で、共有という捉え方で行動していたらどのようになっていたでしょうか。この場面では、Bさんが窓側を向いてしまったということ、その後、眼を閉じて下を向いて耐えていたことに気づいた時点で、その場を離れてみるということです。つまりBさんは、言葉で訴えることはしませんでしたが一人になりたい、うざったい、興味がない、などと思っていたことを推測することができます。

コミュニケーションをはかる上で、どんどん話をしなくてはならないという荷物は下ろした方が良いです。人間だれしもみんなとワイワイやりたいときと一人になりたいときがあります。利用者も同じ人間です。介護職として利用者が生活する空気を感じようとする「空気を読む」習慣は大切なのです。ＫＹ（空気読めない）は利用者がサービスを受けるにあたって求めてはいません。利用者の話を聞いたり、介護職が利用者に話しかけたりすることはとても大切ですが、時には身を引く勇気も必要です。

介護職が遠くからそっと様子を伺う、こんな場面も利用者は求めているのです。

Check 23
身だしなみの基本

養成校の在学中や介護講座の受講中に、施設実習でお世話になることがあります。実習生の立場であると実習着が準備されたり、指定の服装で施設などに伺います。

介護というと、必ずピンクや水色など淡い色の服装で介護をしていた過去もありました。現在は、施設で揃えるユニホームだけでなく私服で介護する様子も増えてきています。身だしなみは施設方針にもよりますが、どのように考えれば良いのでしょうか。

ユニホームを着て介護を行うことは、一時期、時代遅れと感じていたときもありましたが、認知症介護を行う上で、いつも同じ服の人がいるということは、「いつもの人」と認知症の人は安心することがあります。

私服で介護をするということは、家庭的な雰囲気が演出できると考える傾向が多くなっていますが、何でもありということではありません。認知症のAさんは、毎日顔を合わせていても、出会ってから2年が経過していても「ようこそおいで下さいました。初めまして」というのです。介護職は、毎日顔を合わせていますがAさんは毎日初対面なのです。介護職として私は、いつも明るめのチェックの襟付きシャツを着るようにしています。それは、いつも初対面らしくAさんに失礼のないようにするからです。

身だしなみを考える際には、利用者や家族に対して不快さを与えなければ、その日の予定や場面に合わせ服を選ぶなど工夫をすれば良いのです。自主的に介護職として習慣的に考えられるようになって欲しいものです。

また、介護をする際に利用者にケガをさせないようアクセサリーを外すことや、フード付きのパーカーは車椅子からベッドに移乗する際、フードが利用者の顔に掛ってしまい視界が見えなくなり体勢が不安定になって危険であることから、安全管理を行う視点で考えてみるのも必要なことです。

身だしなみは、相手から自分の雰囲気をイメージづけされる割合が多いです。すべて淡い色の服を選ぶ必要はありませんが、昔から言われる明るい色は、介護職の明るいイメージにつながることを把握しておいて欲しいと思います。

身だしなみは、介護職としてのレベル（意識の高さ、介護の理解度）が良く見える部分でもあります。単純に身だしなみ規約をスタッフに周知することは、スタッフごとのレベルや成長過程を確認するチャンスを逃すことにもなってしまい、人材育成の支障になることを理解してほしいです。

介護の仕事は、今日どんな人と顔を合わせるのかを考え、身だしなみを決定することが大切です。
これは？
I♥介護

Check 24

老化と認知症の物忘れ

物忘れは、２種類あります。１つ目は２０歳以上の人が体験する老化による物忘れです。老化による物忘れは、年相応に増えていくものです。２つ目は、認知症の人が体験する認知症の物忘れです。

ある日、自宅で朝ごはんを食べ終えて一息ついたとき、玄関にいるメダカに餌をあげようと思いました。玄関に向かうと「あれ、何しに来たんだろう？」と忘れてしまうことがあります。しかし、思い出そうとすると「あっ！そうだ。メダカに餌をあげるんだった」と可愛いメダカに餌をあげることができました。時には、家族に「メダカに餌をあげると言って玄関まで行ったんじゃないの？」と言われれば思い出すこともあります。これが老化による物忘れです。

それに対して、認知症の人が起こす物忘れは、同じような場面で「あれ、何しに来たんだろう？」と忘れてしまうと思いだすことが困難です。誰かに、「メダカに餌をあげると言って玄関まで行ったのではありませんか？」と言われると、感情的になり「何で俺がメダカに餌をあげなければならないんだ。お前がやる事だろっ」と攻められたこともありました。つまり、認知症の人の物忘れは、物忘れをするたびに記憶が床にこぼれ落ちていくのです。
認知症のＡさんと、一緒にお茶を飲んでいたときのことです。
Ａさん「あんちゃんは、どっから来んだい？」
私「私は、高根沢町の宝積寺というところから来ています」
Ａさん「宝積寺かい。私も子供の頃住んでいて良く知ってるとこだわ」
Ａさん「ところであんちゃんは、どっから来んだい？」
私「私は、高根沢町の宝積寺というところから来ています」
Ａさん「宝積寺かい。私も子供の頃住んでいて良く知ってるとこだわ。そうなんかい」
Ａさん「ところであんちゃんは、どっから来んだい？」
私「私は、高根沢町の宝積寺というところから来ています」
Ａさん「宝積寺かい。私も子供の頃住んでいて良く知ってるとこだわ。駅の近くに……」
この会話が何回も繰り返されるのは、Ａさんから記憶が床にこぼれ落ちてしまい、記憶が確認できないことで起こることなのです。よく認知症の人には怒らない、叱らないと解釈することがあるのは、過去の記憶が確認できないのに攻めたてることになってしまい、認知症の人は被害者的意識になり不快になるからなのです。

物忘れは、年齢や様子だけでは決して認知症かどうかを判断してはならないことを、押さえて欲しいです。認知症かどうかは、医者の判断がすべてであり、介護職が判断できるものではないからです。年齢と物忘れだけで認知症だろうと解釈してしまうと、対応はうまくいかないことがあります。

関わり方のポイントとして老化による物忘れは、相手に馬鹿にされていると誤解されないよう日付をうかがうなど、どんどん思い出させるような仕掛けをすると良いです。認知症の人の物忘れは、思い出させるような関わりは避けます。事実をもとに、いま見えている物や聞こえていることを話題の切り口にすると良いのです。

また、認知症の人は、昔の思い出は鮮明な記録として残っている時期があります。幼少時代の話を聞くことや、昔の家族の集合写真を使用し当時の思い出を話してもらう、黒電話など昔の暮らしに使用していた物を見せて話をしてみると、認知症の人は生き生きとしてくることがあります。

健康な人は、脳と記憶が特殊なヒモで結ばれているので、思い出そうとすると記憶が脳に戻ってきて思い出すことができます。認知症の人は、脳と記憶がヒモで結ばれていないので、記憶は床にこぼれ落ちてしまい、二度と思い出せなくなります。
脳
脳
記憶
あんちゃんはどこから来たんだい？
あんちゃんはどこから来たんだい？
あんちゃんは…
宝積寺かい よく知ってるよ
記憶
健康な人
認知症の人

第4章　中核症状編

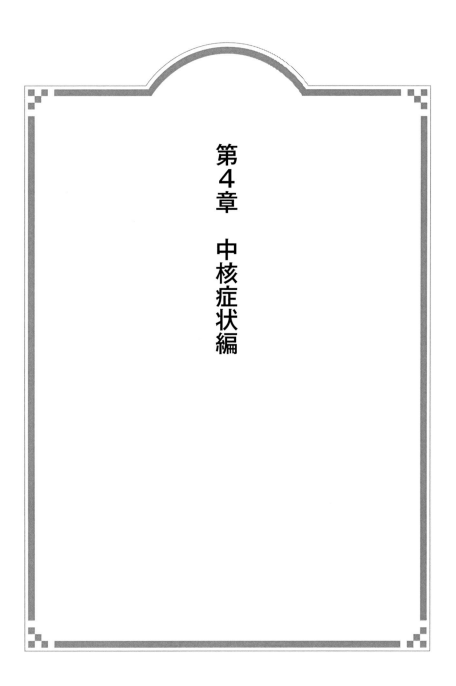

Check 25

昨日は昨日で、今日は今日！

認知症のAさんは、夏場に食欲がないと訴えていましたが、スーパーで買ってきたお寿司だけは好んで食べていました。ある日、Aさんからのお誘いがあり、一緒に近所の寿司屋にでかけました。Aさんは、満足そうに寿司屋のカウンターに座り、お腹いっぱいになるまで注文し満足されていました。

翌日、Aさんの部屋にうかがい、昨日のお礼を伝えました。

私「Aさんおはようございます。昨日のお寿司屋さん、美味しかったですね」

Aさん「……？」（ビックリしたような顔をしてこちらをみています）

私「昨日、寿司屋の〇〇に行ったじゃないですか」

Aさん「……」（ニコニコしています）

私「あそこのネタは美味しいですね。また行きましょう。」

Aさん「あのぉ、大変申し訳ないんだけれど人違いじゃなぁい？　私、おたくと行った覚えはないのだけれど」

私「昨日行ったじゃないですか。覚えていませんか?」
Ａさん「……」（首をかしげています）
Ａさん「昨日のことか。またいこうね」（困った顔をしています）
認知症でも人と接する際、外面良く、人とうまく付きあおうとする人間の機能は残っている期間があり、いつまでも人との円滑な関わりを求めているのです。しかし、Ａさんに良かれと思って関わりましたが、相当困らせて問いつめる結果になってしまいました。
認知症の人は、さっきのことや昨日のことは覚えていないケースが多いため、介護職として昨日は昨日で、今日は今日で、関わることをお勧めします。昨日、お寿司を食べて喜んでいたとしても今日はその話をしないことが大切です。認知症の人が、昨日の出来事を覚えているときは昨日のことを話題にしていきます。認知症の人との会話は、いま一緒にいて目に見えること、耳で聞こえることを話題にするようにしましょう。
「今日は、天気が良いですね」、「テレビに映っている動物は猫ですか、可愛いですね」、「なんか消防車のサイレンが聞こえますね」会話はこんな形でスタートし、利用者の話に向きあえばよいのです。介護職の関わりかた次第で認知症の人は、物忘れをして人に責められることなく生活を送ることができるようになります。

昨日は
ありがとう
ございました
じっ…
？
？
それは
人違いよ
ゴクリ…
認知症の人は、常に前に進むしか
ありません。介護職も認知症の人に
合わせ前に進むだけの関わりに徹します。
介護職が過去のことを話に出すと
認知症の人は混乱してしまいます。

Check 26 時間の代わりに匂いで伝える

午前中施設を利用している認知症のAさんのところに、息子さんがどら焼きの差し入れを持ってきてくれました。Aさんは、息子さんと一緒にどら焼きを食べながら家族団欒の時間を過ごしていました。甘いものが好きなAさんは、満足そうにどら焼きを二つ食べたと、息子さんは帰りがけに報告をしてくれました。

息子さんも帰った、それは昼ごろのことです。

私「そろそろ12時になるので、食事にしませんか？」

Aさん「………。何で今ごろ食事にすんだ。非常識にもほどがある。そろそろ家に帰らなくてはならないから私はいいです」（かなり怒っています）

認知症の人は、症状が進行することで時間がわからなくなっていくのです。Aさんは、午前中に朝食とおやつにどら焼きを二つ食べたことで、お腹が空いていなかったのかもしれません。Aさんは、お腹が空いていないのに、なぜいま食事を食べなくてはならないのか理解できず、食事を勧めたところ、私の問いかけを非常識と捉えたのです。

介護職もおそらく、いつの間にか知らない場所に立っていたら、ここがどこかを知りたいと考え、次にいま何時か知りたいと考えると思います。日常の生活でも、人は時間を見て行動する習慣があります。Ａさんは、時間がわからず「夕方までに家に帰りたいんだが…」「あんま遅くなると家の人が心配するから…」と訴えが多くなり、不安を与える結果になってしまったことは反省するばかりでした。

では、時間がわからず不安でいる認知症の人に、食事を勧めるときにはどのような対応が適切なのでしょうか。時間がわからないのであれば、匂いで伝えることが一番です。介護職も自宅に帰ると玄関で、今日はカレーライスかなと匂いで感じることがあると思います。そんな感覚で、認知症の人と接する工夫をお勧めします。ある日、食事前にＡさんはおやつをたくさん食べました。お腹が空かないだろうと食事のお誘いはしませんでしたが、ダイニングに味噌汁の匂いが広がったとき、Ａさんは自ら「そろそろご飯け」と部屋から出てきて、自分のペースで食事を食べはじめました。

Check 27 迷子は皆で支えあう

認知症のＡさんは、「私の部屋はどこですか?」と普段から自分の部屋に戻れなくなって、スタッフに不安を訴えることがよくありました。ある日、気づいたらＡさんの姿が見えません。日中なのに、いなくなってしまったのです。スタッフ総出で地域を探しまわり、数時間が経過したとき、警察から保護されているとの連絡が入りました。Ａさんが無事に施設へ戻ったときには、涙を流し疲れきっている表情で、衣類は泥と尿で汚れていました。Ａさんは悲しい顔をして「家に帰れなくなってしまったんです」と落ちこみ、布団に入り横になりました。

認知症の人は症状が進行すると、たとえ30年、40年暮らしている自宅の近所でも、散歩に出たつもりがわからなくなり、迷子になるのです。認知症の人が暮らす場所が、自宅であっても施設であっても近隣の人の協力は欠かせません。室内のスリッパを履いて迷子になっているＡさんを、近所の人が「このおじちゃん、トイレに行きたいって言っているんです。お願いしてもいいですか。しかし、外を歩いてトイレがあると思ったんでしょうか」と施設まで連れてきてくれたことがありました。そのおかげで、長い時間迷子にならず、その後も笑顔で話をしている姿があったのです。

　別の方のケースでは、在宅で生活する認知症の人が行方不明になり、自宅から24km先で発見されたことがありました。認知症の人の迷子は、家族やスタッフの疲労とストレスが一気に溜まっていきます。介護職のように、仕事で行う介護は勤務時間が定められているため、今日1日の仕事が終われば、介護から解放されます。仕事が終われば、ストレス解消をする時間は作ろうと思えばわずかな時間でも作ることはできます。しかし、家族が行う在宅での介護は、認知症の人が夜中、急にいなくなることもあって、目が離せません。家族がストレス解消の時間を作ろうと思っても介護職のようにうまくいかず、肉体的にも精神的にも疲れは溜まるばかりなのです。家族の介護は、寝る暇もなく介護に追われることがあるため、介護職が話をうかがったり、必要に応じて短期間のお泊りサービスであるショートステイや、日帰りの介護サービスであるデイサービスなどを効果的に活用し、家族の介護負担を軽減させていくことが重要になります。

　人は、絶対に一人では生きていけないのであり、支えあう関係づくりは必要不可欠です。よく俺は一人で生きていく、と言う人と会う機会がありますが、どこかで、必ず人の力をかりているものです。

　介護事業所として、地域との付きあい方を考えていくことは、けっしてムダにならないのです。

キョロ
キョロ
魚

Check 28

毎日、初めまして！

認知症のAさんは、ものすごく悩んだような暗い顔をしていることがあります。Aさんと私は、約2年間、ほぼ毎日顔をあわせて挨拶を交わしてますが、なかなか会話がスムーズにいきません。

私「Aさん、おはようございます」

Aさん「おはようございます。私の名前を知っているのですね。大変失礼ですが、どこかでお会いしましたか？」

私「Aさんのことは、前からよく知っているんですよ」

Aさん「あら、そうだったかしら……」（首を傾げています）

私「そういえば息子さんのことも知っているんですよ。えーっと……」

介護職は、認知症の人の様子がおかしいと思うときこそ説明はくどくなり、よけい認知症の人を混乱させてしまう迷惑な存在になっているときがあります。介護職がよけいなことを言わなければ、認知症の人はいつもの時間を過ごすことができた、ということになります。認知症の人は、いま起こったことや最近起こったことを記憶にとどめておくことや人の認識ができなくなります。私は、毎日挨拶をしている記憶はありますが、Ａさんは私とは毎日初対面だと思っているのです。Ａさんにとって、初対面の状況にも関わらず名前を呼んでしまうと、「知らない人がなぜ、私のことを知っているのだろうか」と介護職に対する変な疑いや不信感につながってしまいます。認知症の人は身の危険を感じてしまい、これでは安心して生活するどころではなくなります。それが「そろそろ家に帰ります」という帰宅願望にもつながるのです。

では、どんな関わりが良いのでしょうか。

私「おはようございます」

Ａさん「おはようございます。今日は何ですか？」

私「今日は、近くまで来たので寄らせていただきました」

Ａさん「あら、大変ね。散らかってるけど、ゆっくりして行ってくださいな」

このように、Ａさんの世界の中では毎日Ａさんと私が初対面ということなら、初対面らしく挨拶をかわすことで、認知症がないような会話と生活が実現できるようになります。

すると認知症の人も穏やかになります。認知症の人の意にそうような関わりができなかったときは、徘徊などで落ちつかない様子が増えていきます。不快な思いを軽減すれば、認知症の人の安心感と介護職の負担軽減、どちらをとってもメリットは大きいのです。

Check 29

自分の姿と喧嘩をする

60代後半の認知症のAさんは、女性らしくいつも肩までの髪の毛を綺麗にくしでとかしています。ある日、部屋にうかがってみるとAさんは、「人の真似ばっかりしやがってチキショー」と鏡に映った自分と喧嘩をしています。私の顔を見ると急に興奮していた自分を隠しました。このような場面は、Aさんが生活するなかで何度か見かけました。鏡に向かって怒っていたり、唾をかけたり、椅子を投げつけ鏡を割ってしまったこともありました。鏡に映っている自分（Aさん）と喧嘩をしているAさんに話しかけたときのことです。

私「Aさんは、いつも髪を綺麗にしているんですね」

Aさん「頭ボサボサでそんな暇はないんです。両親が、仕事で忙しいから弟にご飯を食べさせなきゃならないんです。弟にご飯を食べさせてからへたくそですが、こういうふうに三つ編みをしているんです」（Aさんは三つ編みでなくストレートの髪型でした）

認知症の人は、自分にとって相手がどのような人なのかわからなくなっていき、やがて自分であるという認識もできなくなっていくのです。

Aさんとの関わりから鏡に映っている姿は、間違いなくAさんですが、会話からわかるとおり、尋常小学校時代の幼い姿を思い浮かべていたのかもしれません。だから、現在の姿が他人に見えたのではないかと考えることができます。

よくある対応策ですが、鏡に映った自分と喧嘩をするからといって鏡を撤去すれば良いというわけではありません。私たちの生活でも鏡を見ない生活は考えられないほど、生活の必需品である、ということは理解しておきましょう。したがって鏡を部屋から撤去してしまうということは、余計に生活の居心地を悪くすることになってしまいます。認知症の人が鏡を見て混乱してしまうのであれば、まずは鏡を小さいものに変えてみたり、鏡を飾る場所を変更してみる、などの対策を考えると良いでしょう。ときには介護職がAさんと鏡の間に入って話を反らせたり、違う部屋に案内して気分を変えて差しあげることも必要なことなのです。

Check 30 名前を呼べない！　認知症の人の辛さ

認知症のAさんのところに、ほぼ毎日娘さんが面会に来ています。面会時に娘さんはAさんに向かって「お母さん、私のこと誰だかわかる？」と聞くのです。Aさんは、「どこかの姉ちゃん」と返答したり、時には「○子！」と娘の名前を言えるときもあります。娘さんは、「どこかの姉ちゃん」と言われたとき、涙を流しながら帰る姿を度々見かけることがありました。

認知症の人は、症状の進行とともに、たとえ家族であっても、相手が誰なのかがわからなくなっていく様子がみられます。認知症のAさんに、思い出させるようなことを話題にすると、Aさんは試されているように感じて、物すごく辛い気持ちになったり、人から見下されているようで悲しい気持ちになっているものです。

では、なぜ娘さんは母親に名前を呼ばせるようなことを聞いたのでしょうか。これは、娘さんが母親を思う親孝行から生じたことなのです。「○子！」とAさんが返答したときは、娘さんは「お母さんは、今日も娘のことをわかってくれて、元気で良かった」と思っています。逆に「どこかの姉ちゃん」とAさんが返答したときは、老いていく母親に対して「いつまでも元気でいてほしいのに……」と悲しい気持ちになるのです。つまりこの関わりは、母親に名前を言わせて、今日一日の元気が確認できれば安心できる、という娘さんの思いが優先した状況であり、母親の気持ちを優先した関わりではないということです。

日常で介護職も久しぶりに再開した認知症の人に「お久しぶりです。覚えてますか？」と聞いたことが、多くあると思います。利用者本位のサービスを提供するのであれば、思い出させるようなことはするべきではありません。認知症の人は「どこかで会った人だな」と認識していることもあり、介護職が、認知症の人から名前を覚えてもらえなくても介護には支障がないのです。認知症の人に問いつめることなく自然に関わることで、必要以上に苦しめることは比較的少なくすることができます。Ａさんに立ちはだかる認知症の壁とは、違う人の名前を言葉に出させたり、うまく人の名前を出さないよう意地悪をしている状況であり、本当は、心のなかではわかっていることも多いのです。母親はいつになっても母親です。腹を痛めて産んだ可愛い娘のことを、完全に忘れるわけがないのです。

Check 31 饅頭欲しいけど、饅頭いらない

甘いものが好きな認知症のAさんが、３人で楽しく話をしながら女子会をしていたときのことです。ちょうど家族から饅頭の差し入れをいただいたので、女子会の席にお邪魔しました。私は、「お饅頭をいただいたので、いかがですか？」と３人に声をかけると２人の利用者は１つずつ饅頭を手にとりました。しかし、Aさんは「私はいらない」と一言。私は、遠くから３人の様子をうかがっていました。すると、Aさんは饅頭を食べる２人の様子をじろじろと見ていたため、私は３人が囲んでいるテーブルに、無言で一つの饅頭を置き、遠くからその様子を見守りました。

Aさんは、テーブルに置いた饅頭を早速手に取り、「美味しいね。この饅頭好きなのよね」と笑顔で食べたのです。

認知症の人は、症状の進行とともに自分の想いを相手に伝えることがうまくいかなくなります。認知症の病はじつに意地悪であり、心で思っていることと言葉が逆になるようです。心のなかでは饅頭が食べたいと思っているのに、言葉では饅頭はいらない、になってしまうのです。このような認知症の人の辛い場面を見ることは、しばしばよくある場面です。介護職は、認知症の

人が言っていることは本当にそうなのだろうかと、良い意味で疑ってみるべきです。

そして、認知症の人の本当の想いを引き出していくことが大切であり、介護で人の心を支えることを追求していくのです。

認知症介護は、専門職が関わるからこそ認知症の人も安心して暮らせるのだと、専門職の価値を高めることにも挑戦してみましょう。

本当は食べたい！
私はいらない

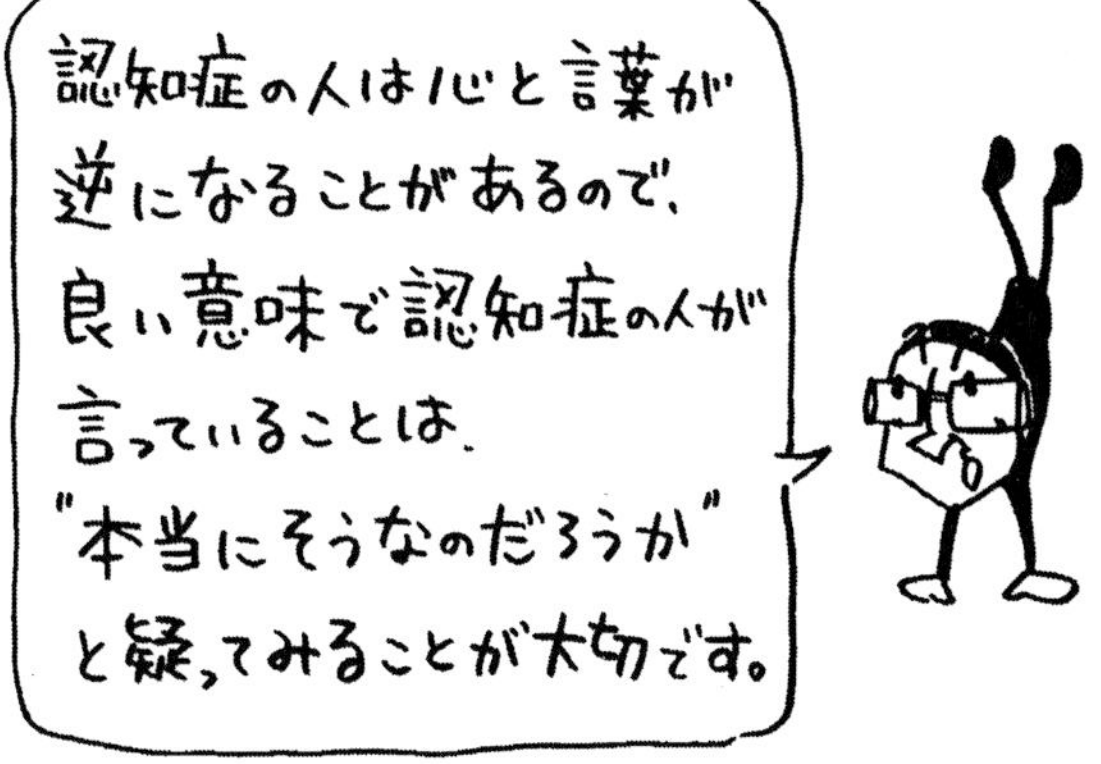
認知症の人は心と言葉が逆になることがあるので、
良い意味で認知症の人が言っていることは、
"本当にそうなのだろうか"と疑ってみることが大切です。

Check 32

便器の前で、何度もお漏らし

「おトイレはどこですか。今にも漏れそうです」認知症のAさんは下腹部をさすりウロウロしていました。トイレまで誘導しましたが、いつになってもトイレから出てきません。心配になった私は、トイレをノックして本人の了解を得て、中に入りました。既に15分くらい経っていたでしょうか。ズボンは尿で汚れており、トイレットペーパーが床にまき散らかされる状態でした。

認知症の人は、トイレの行為や食器洗いなどの日常生活の一連の流れが、頭のなかで計画して順序立てて行うことができなくなるのです。

通常、トイレの行為は、便器の前に立つ、ズボンとパンツを下げる、便器に座り排泄する、お尻を拭く、ズボンとパンツを履くという順番です。しかし、当たり前のように行っている行為も、認知症の人は順番がチグハグになってしまい、困ってしまうのです。

Aさんに了解をもらい、心配でトイレのドアを開けたときに「漏れちゃう、漏れちゃいそう」と便器の前で右往左往して困っている様子を見たときもありました。

では、どのように関われば良いのでしょうか。介護職が認知症の人に声をかける一声のタイミングで改善できるようになります。
Aさん「おトイレはどこですか」
私「案内しますね」
Aさん「ありがとうございます」
私「少しお手伝いさせて貰っても良いでしょうか」
Aさん「すみません」
私「まず、ズボンを下げて貰えますか」
「パンツを下げて貰えますか」
「ここ（便器）に座って貰えますか」
Aさんが便座に座った後、介護職はトイレから出ます。結果的に、タイミング良くAさんにとって、わかりやすい言葉で声掛けをすることで、お漏らしを防ぐことができたのです。
オムツを付ける必要がなくなれば、認知症の人がオムツを付けている不快感を減らし、落ち着かなくなることも軽減できます。あくまでも排泄機能の衰えとは違うお漏らしなので、オムツを付けることは当たり前と思わない姿勢が必要です。
また、介護職が日常で使用するトイレという表現も、認知症の人にとっては理解ができていないときがあります。トイレと書いた張り紙を、ドアに貼りつけてもまったく効果がないこともあります。認知症の人ごとにトイレをどのように理解しているのかを考え、トイレの表現を便所・御不浄（ごふじょう）・せっちん・はなつみ・お手洗い・かわや・はばかり・ちょうずば・化粧室などと工夫をしてみましょう。

第5章　行動・心理症状編

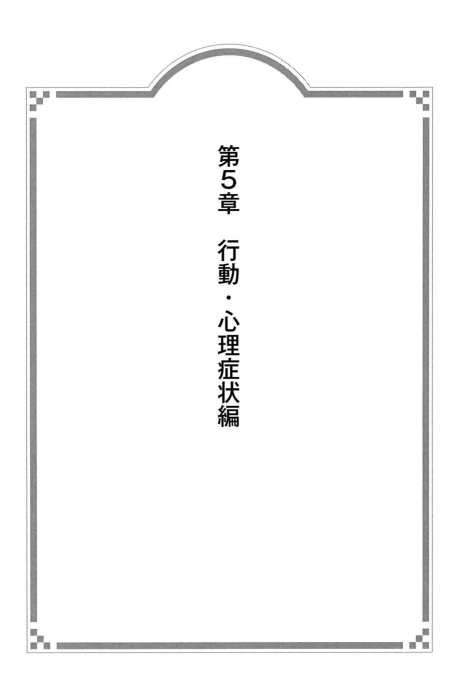

Check 33
徘徊の原因は、すべて私たちにある

認知症のAさん（女性）は、足腰は丈夫で、認知症以外の病気はありません。

Aさんは、毎日シルバーカーに衣類や置き時計、バスタオルを紐で縛り、大荷物を持ち歩いています。夕方になり、玄関でAさんに声をかけられました。

Aさん「ここを開けて貰えませんか」（ニコニコしています）

私「わかりました。」

玄関を開けると、2月の寒いなか、Aさんは自宅とは逆の方向に歩いて行きます。

私「Aさんは、どちらに行かれるのですか?」

Aさん「暗くならないうちに家に帰らなくちゃ」

私「Aさんの家は、あっちの方向ですよ」

Aさん「あら、そうかしら」（今度は、私が言った方向に向かって歩き始めました）

ジャンパーも着ないで、薄着のままで外出したAさんの表情は次第に険しくなっていきます。

私「Aさん、外は寒いので上着を取りに行きませんか?」

Ａさん「そんなに家まで時間はかからないんで、大丈夫です」
私「Ａさんの家は、ここから８㎞ぐらいあるんですよ。歩いたら何時に帰れるかわかりませんよ」
Ａさん「私は帰れますから、ほっといて下さい」
私「外も暗くなる時間ですし、一人では大変ではないですか？」
Ａさん「自分のことは自分でできますので、失礼します」
Ａさんは、どんどん歩き始めましたが、車の通りが多いところで立ち往生してしまいました。向こう側の歩道に渡ろうと思っても次から次へと車が通り、通行人にも冷やかされました。Ａさんとやりとりとりして1時間が経過した頃に、Ａさんはどうしていいのかわからず混乱し表情がさらに険しくなっていきました。
Ａさん「あぁ、背中がピヤピヤする」（寒さにより震えています）
このまま風邪をひいたらいけないと思い、車で迎えに来てもらうようスタッフに依頼しました。車が到着するとＡさんは、車に乗ることを拒否します。何とか施設まで戻っては来られたのですがＡさんは車から降りず、スタッフはやっとの思いで玄関にある椅子に座ってもらいました。「入りません」と拒否する様子もありましたが、Ａさんの大好きな甘いホットコーヒーを一口飲んでもらいました。

Aさん「あぁ、助かった。背中がピヤピヤ、ピヤピヤして寒くて寒くて、助けてくれてありがとうございます」

一杯のコーヒーを飲みおえる頃には、険しい表情も少しほぐれてきたように見えました。

私「体が温まるまで、中で休みましょう」

屋内のソファーに座ってAさんは、ずっと目を瞑ったまま手を合わせています（合掌）。

飴を一つ、Aさんの口に入れて差しあげました。Aさんは驚いたような顔をします。

Aさん「あら、美味しい。どこの飴ですか？」

私「いただいたものなので、どこで売っているかはわからないのですが、良かったら一袋どうぞ」

Aさんは、遠慮するようにしていましたが、他の人に配る数はないことを伝え、部屋でいつでも飴をなめてもらうよう説明しました。Aさんは立ち上がり、ニコニコして部屋に向っていきました。姿が見えなくなるまでAさんを見送りましたが、何度もスタッフの方を見て手を振り、お辞儀をする表情は安心感でいっぱいでした。

この対応は2時間を要しましたが、興奮状態をはじめとする行動・心理症状が改善されることが確認できたケースです。大好きなコーヒーを飲み、飴を口にし、次第にAさんの混乱が少なくなり、表情が明るくなっていきました。Aさんの表情が険しくなっていった原因は、私が必要以上に話しかけたことです。Aさんからすれば知らない人から言われる筋合いはないと徐々にイライラし、お節介な人だと思っていたと思います。また、外は寒くAさんは辛かったということ、道がわからず困っていたこと、通行人に変な目で見られたこと、など認知症の人の状況を不安にしてしまう要因を、介護職が作ってしまっていることを、つねに振りかえり反省しなければなりません。

翌日からAさんは、再び大荷物をシルバーカーに積み、風邪もひかずに元気に施設内を歩いてたくさんの人と挨拶を交わしていました。

Check 34

毎日、ウンコまみれ！

Aさん「あなた、そんなところに立っていないでここに座りなさい。」

（穏やかにAさんが座っている隣の椅子を指さしています）

私「ありがとうございます。ではお隣り失礼します」（椅子に座りました）

すると、

Aさん「何座ってんだ。生意気に、バカたれ」（急に気性が荒くなりました）

認知症のAさんは、10年前にアルツハイマー型認知症と診断を受けています。Aさんの部屋はいつもウンコまみれです。排泄介助の際に、スタッフはAさんにつねられてあざを作り、唾を掛けられ、悪戦苦闘の毎日でした。Aさんにとっての介護の方法を模索しているなか、かかりつけの病院の先生から精神科の受診を勧められました。精神科に受診すると向精神薬が処方され、薬の作用で人間としての活気が奪われるのではないかと不安になりました。過去にも精神薬の作用によって、歩ける人が寝たきり状態になってしまうことがありましたが、どこの施設でも経験をすることではないでしょうか。精神科を受診する判断は、精一杯の介護を行ったうえで、次に考える選択肢であると介護職なら思わなくてはなりません。スタッフ同士で議論した結果、精神科には受診しないが認知症の再検査をするということになりました。診断の結果はアルツハイマー型認知症と前頭側頭型認知症の混合型ということでした。

10年前は、現代ほど認知症をタイプ別にする数は多くなかったため、介護の方法もなすすべなく向精神薬に頼る傾向が多かったのだと思います。

介護職が、認知症の人と関わるうえで、医師の診断は介護の方法を計画する際に重要なものになります。

10年以上前に認知症の診断を受けている場合であって、精一杯関わっても今の介護がうまく行かないときには、認知症の再検査に行くことで介護問題の解決の糸口が見えることがあります。

認知症のタイプは、それぞれの特徴を持っていることから、医師の診断から認知症の人が安心して生活する介護のヒントが得られたり、処方された薬の見直しを行って穏やかになったりします。認知症が進行しているのに、介護の対応や薬の処方内容がかわらないという状況がないよう、介護職もよく観察しておきましょう。

後にAさんは、人をつねる行為はあるものの、ウンコまみれが解消されて、トイレの便座に座り排泄を済ませています。

Check 35
介護専門職から、犯罪行為をされ続ける辛さ！

認知症のAさんは60代前半ですが、寝たきりで意思疎通が困難です。Aさんが、ズボンを手で押さえベッド上でオムツ交換の拒否をすることについて、スタッフが悩んでいました。1人でオムツ交換の対応ができないのです。

Aさんには、次の介護の方法が見つかるまでオムツ交換は2名のスタッフで対応に当たることになりました。介護職の1人が、Aさんの手をさすり、気を紛らわせます。反対側でもう1人が、素早くオムツを交換するといった対応をする状況でした。介護職は、汚れたおむつをなぜ交換させてくれないのか、Aさんの気持ちになって、みんなで考えて試行錯誤を繰りかえした結果、原因はすべて介護職にあったということに気づきました。

いままでの介護職の対応は、ノックをして部屋に入ります。何の説明もなく「すいませんね」と布団を取り、「すいませんね」とズボンを下げようとします。Aさんは、認知症であり介護職のことは毎日初対面と思っていたかもしれません。また、何をされるのか意味がわからず両手でズボンを力強く押さえ、オムツ交換の拒否をしていたのです。Aさんの立場になれば自己防衛をするための当たり前の拒否だった、ということを推測することができました。つまり、介護職が行っていた行為は、認知症の人を恐怖に追いやる犯罪行為をしていたことになります。道端で、知らない人が近寄ってきていきなり服を脱がされそうになったら、おそらく助けを求めたり警察を呼んだりすることでしょう。変質者に嫌がらせをされたと精神的にも参ってしまい、仕事どころではなくなってしまうことも考えられます。施設内と道端の場所の違いはありますが、Ａさんは助けを求めたり、警察を呼ぶこともできず、ただただ辛い体験をしていたのです。施設内にも警察のパトロールが行われれば、施設内だから見過ごされる犯罪行為も減っていくこともあると思いますが、現実的には明日からすぐに実行はできないため、職場のなかで介護の犯罪撲滅のための担当者を置くことも必要なのかもしれません。介護現場で犯罪行為を取り締まれば多くの介護職は逮捕されることになるくらい、ひどいことをしているということです。

後に「Ａさん、今からお尻が汚れていれば温かいタオルで拭かせていただきますので、ズボンを下げますね」この言葉が、Ａさんが介護職に犯罪行為をされている状況を改善することになりました。Ａさんは、おむつ交換の抵抗が徐々に少なくなっていき、ただれていた皮膚トラブルも解消していきました。

性犯罪
撲滅運動
実施中

Check 36

大きなネズミに耳を食いちぎられた

春から夏にさしかかる季節で、外も暑いと感じる日のことでした。認知症のAさんは、汗を掻き暗い表情で昼寝をおえて、部屋から出てきました。

スタッフ「どうしましたか？」

Aさん「………」

スタッフ「お茶でも飲みますか？」

Aさん「先ほど私の部屋に大きなネズミがやってきて、私の耳を食いちぎっていったんですよ」（震えるように怒っています）

Aさんの耳を確認しましたが、ネズミに食いちぎられた跡はありませんでした。Aさんはいつも、ベッドの足元にある布団を全部かぶる癖がありました。季節的に、暑い日と寒い日が交互にやってくるような気候が続いていた時期で、その日は特に暑かったのです。前日が肌寒かったため、厚手の布団を2枚程ベッドの足元に置いたままにしていました。Aさんは、布団は首までかぶる習慣があります。昼寝をしたAさんの寝床を確認したところ、昼寝をする時に厚手の布団2

枚を首までかぶり、寝苦しかったのではないかと推測しました。

認知症の人は、不快な気持ちを相手に伝えることがうまくできないことが多く起こります。おそらくネズミの話は、介護職に向けて「このような介護は、関わりとして求めていません。こんなに布団は要りません」というような、ＡさんのＳＯＳのサインだったのかもしれません。

現実とかけ離れているような話をしている時にも、介護職はＡさんに何かあったのだろうかと気に掛けることが大切です。

以後、その日の気候に合わせてＡさんのベッドの足元に置く布団やタオルケットに気を配りました。Ａさんがいつも、快適に横になることができるよう、細心の注意を払いました。介護職は、認知症の人のタンスの中の衣替えを季節ごとに済ませておくことも大切だと思います。布団だけでなく、タンスの中にも春夏秋冬の衣類が、段ごとにしまわれていたら、季節に適さない服をきてしまうことだってあります。真夏に下着にコート、冬にＴシャツ一枚でいる姿を見ることもあります。介護職がタンスの中を夏なら夏服のみにするなど季節に適さない服は別の部屋にしまっておくことを怠ってはならないのです。

ちなみに、２回目のネズミが登場することはありませんでした。

ガブッ
それは大変でしたね。大丈夫ですか？
このような場合は、同じ気持ちになって話を聞いて差し上げましょう。気持ちが落ち着くようにある程度したら、話題を変えたり工夫してみましょう。

Check 37
おむつを食べる

認知症のAさんは、1日に何十回と、ティッシュや葉っぱなど食べ物ではないものを口にする異食行為があります。昔、実習でお世話になっていた施設でおむつを食べて窒息死したケースがあったため、心配ごとは耐えませんでした。

ある朝、Aさんは、プラスチックグローブ1箱を大切に抱え、周りをキョロキョロ見ながら落ち着かない様子でした。プラスチックグローブは、排泄介助時などにスタッフが使用する使い捨てのゴム手袋のことです。近くのスタッフがAさんに近よります。

スタッフ「Aさん、おはようございます。朝早くからどうしました？」

Aさん「おはようございます」

スタッフ「それ（プラスチックグローブのこと）、どこに持っていくんですか」

Aさん「学校に持っていくんです。バカ息子が弁当を忘れていったもんで。困ったもんですよ」

スタッフ「それは、預かりますね」

スタッフは、異食を心配しプラスチックグローブを取りかえしてしまいました。

Ａさん「なんてことをするんですか」

Ａさんは、体を震わせて怒り、その後、別の場所で自分の便を食べてしまいました。

この場面でのＡさんには、プラスチックグローブの箱が何に見えているのか、なぜ学校に持っていくのかを考えて関わるようにして共感することが大切です。学校に通う、可愛い息子に弁当を届ける、と思っているのですから、スタッフがいくら優しく預かったといっても怒るのは当たり前のことです。

以後、Ａさんに対して否定しない言葉かけを心がけること、Ａさんを手招きして呼びつけるのではなく、スタッフがＡさんに歩みよる、ということを行っただけでも異食行為は、１日十数回から１日に４回程度に減少した時期がありました。

異食行為が起こると、物を片づけても別の場所には口に入れられる物があるため、結局、口に入れてはスタッフが取りだすことを繰りかえすだけで、いたちごっこで一向に解決はできません。たとえ口に入れそうなものをすべて片づけたとしても認知症の人の心のなかは不満のままですので、解決をしたように見えても十分な解決とはなりません。物を片づけることは、一時的な対応としては良いと思いますが、Ａさんは、どう思っているのか、Ａさんはどうしたいのかを考えないと状況は何も変わらないのです。

Check 38 ウロウロ、もう帰ります！　用があるんです！

認知症のAさんは、朝から室内をウロウロと歩いています。「家の用事があるんです。家に帰りたい」と訴えています。ときには、スタッフを泥棒と呼び「ここにいる人たちはいい人たちばかりだと思っていたら、とんでもない。お宅も出るところに出てもらわなくてはならない」と顔が引きつっていました。もちろんスタッフは、付きっきりになります。

ある日、Aさんはトイレから40分近く出てこないことが頻繁にありました。話をうかがってみると、「便が出なくてお腹が苦しい」と訴えていました。落ちつかない原因は、トイレでの排泄かもしれません。便座に座っているAさんの下腹部を10分近くスタッフがさすっていました。すると、350㎖の缶ビールくらいの便が出ました。それ以降、帰りたいという訴えは消えました。

色々な場面が想定できますが、おそらくお腹が張って苦しかった、便失禁して気持ち悪かった、便が出そうで出なくて落ち着かなかった、という辛い状況が帰りたいという思いやイライラする感情になっていたのだろうと考えることができます。

スタッフの10分間の下腹部をさする努力は、素晴らしい対応で感動しました。２〜３分で腕が疲れてしまい、諦めてしまうことは過去に何度もありました。いままで、さする成果を味わえないことの方が多かったように思います。

「腕が痛くなっちゃいました」と笑顔で話すスタッフは、達成感のある爽やかな表情をしていました。

以後、Ａさんに対して、落ち着かない場合にはトイレに誘導するということがわかってきました。排泄が確認できると落ち着くようになったため、毎日排泄が確認できるよう、自費でヨーグルトを買って食べてもらい、さらに便通が良くなるように水分の摂取を勧める対策をしました。

認知症の人が落ち着かない時には、排泄関係をすっきりさせること、便通が良くなるように水分をよく摂取することで改善できることもあります。また、不足のないように水分を摂取することは、頭の働きも必要以上に悪化することを防ぐ効果につながっていきます。

大丈夫ですか

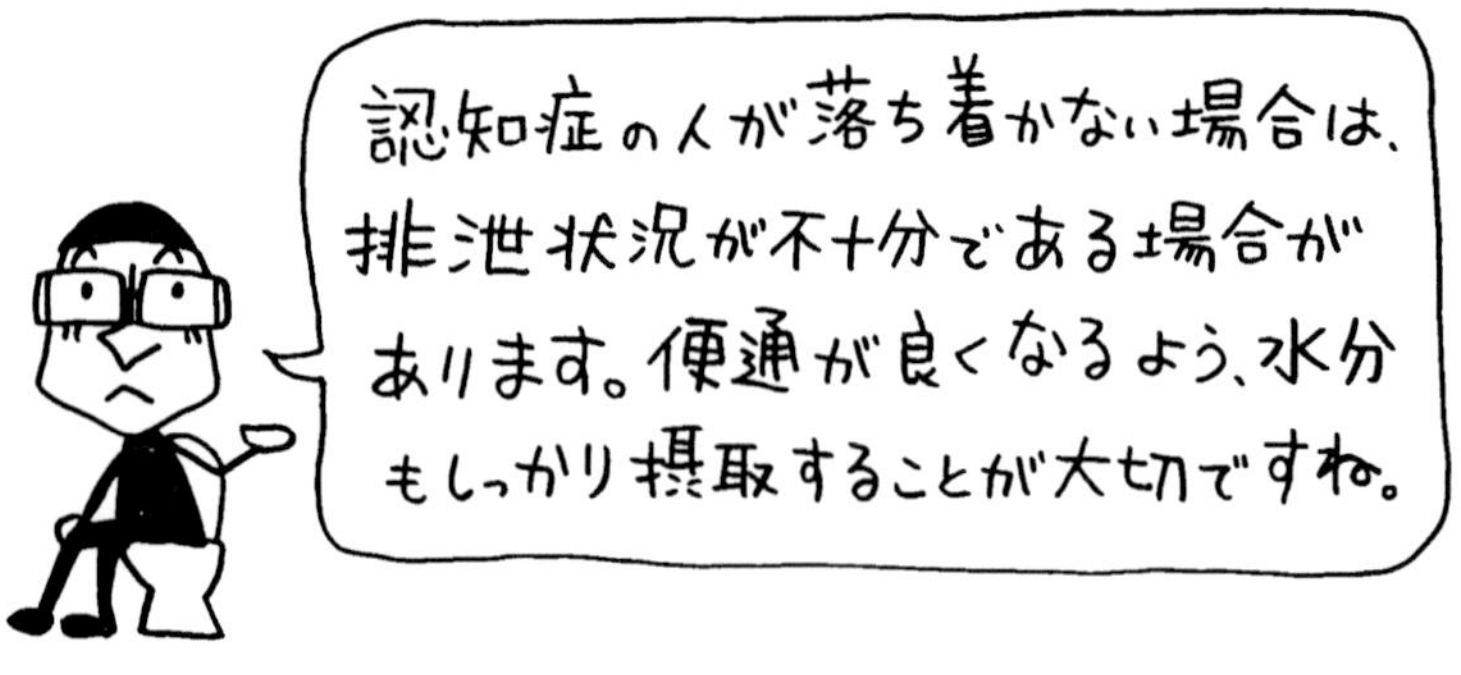
認知症の人が落ち着かない場合は、
排泄状況が不十分である場合が
あります。便通が良くなるよう、水分
もしっかり摂取することが大切ですね。

第6章　認知症の人と向き合うポイント

Check 39

認知症の人の世界と、認知症介護の展望

認知症のAさんは、何度も同じところを往復し、徘徊をしています。その様子を見て、スタッフ同士で自由にしてあげようと考えることは間違っています。Aさんは歩きつづけ、足元がふらつくほど、疲労困憊の状況になっていることだってあります。徘徊をしている認知症のAさんに聞いてみると「東京の妹のところまで行くところなんです」とニコニコしています。たとえ、施設内で東京の妹さんの家までの距離を歩いたとしても、実際にたどり着くことはありませんが、しっかりとした理由が存在しているのです。この理由に向きあうことが認知症の世界にお邪魔するということです。

介護職が生きる現実の世界と、認知症の人が生きる認知症の世界、という2つに区切る考え方が必要になります。介護職が「まだ、ご飯を食べていない」と訴える認知症の人に「さっきご飯を食べたじゃないですか」と、いくら現実の世界から伝えようとしても理解ができるはずがないのです。認知症の世界にお邪魔していれば、「ご飯を食べていない」と訴える認知症の人に否定する言葉をかける必要もなく、共感しながら関わることができます。これが認知症の人の安心な

のです。ただし、「ご飯を食べていない」という訴えに対して、満足するまでご飯を出しつづければ良い、ということではなく、本当はどうしたいのかをＡさんの立場になって考えて関わってみることが必要です。

ある日の朝、Ａさんは私のところまで挨拶をしに来てくれました。両手で何かを持っています。

Ａさん「おはようございます」

私「おはようございます。朝は寒いですから、温かくしてくださいね。」

Ａさん「あんちゃんよ。あんちゃんはいつも親切にしてくれっから、ほれ、これもっていけ。」

両手で持っていたのは、コロコロのウンコでした。私はＡさんの手首を持ってトイレにお連れしました。便器の上でＡさんの手首を振るい、ウンコをトイレに落とし流しました。すると、

Ａさん「ばかやろ！いい加減にしろっ」

Ａさんは、怒ってスタスタと歩いていってしまいました。実はこの後、Ａさんは一日中訳のわからないことを話し、気性が荒くなり落ち着きませんでした。

別の日に、Ａさんが何やら両手で持っています。近寄ってみると、

Ａさん「あんちゃんよ。これ朝早くっからこしらえたんだきっとも、わけてやるよ」

両手に持っていたウンコを私に差しだしました。

私「これ、何ですか。」

Aさん「家で作っているあんこだよ。家のはうんまいよ」

以前にもこのような場面があり、Aさんを怒らせたことを思い出しました。認知症の世界とは何かと、スタッフに日頃研修で話をしている以上、いま目の前での認知症の世界では、ウンコでなくあんこであると自分に言い聞かせ、ありがたく両手で頂戴しました。

私「Aさん、ありがとうございます」

Aさん「みんなにわけてやる程ないから、ここで食ってっちゃえよ」

さすがに、食べれば認知症の世界にいると考えることもできますが、それはできませんでした。

私「向こうでいただいてきますね」

Aさんの見えないところで、ウンコをトイレに流しました。その後Aさんは、ニコニコしていつものように穏やかでした。このケースによって、現実の世界と認知症の世界がはっきりと区別して理解できました。

介護職が認知症の人との付きあい方として、昨日の記憶がないのであれば今現在の話をします。時間がわからないのであれば、匂いで伝えます。場所がわからないのであれば、安心するよう環境を整えたり、向きあってみることです。相手のことがわからないのであれば、初対面らしく関わってみることもお勧めできます。想いをうまく伝えることができないのであれば、いま言ったことが本当にそうなのか、良い意味で疑ってみることです。次にどうしたらいいかわからないのであれば、時間を置いて、声をかけてみるなど、さまざまです。

つまり認知症介護は、認知症の人が中核症状（前文のようなこと）を持っていないような生活を実現して差しあげることを追求することなのです。結果として、認知症の人が困ったり悩んだりする場面は少なくなるため、安心してもらうこともできますし、認知症介護の質をはかるうえで正しいことをやっているかどうかの尺度も明確になります。

徘徊、異食、暴力、介護の抵抗などの行動・心理症状を解決することは、介護職としても達成感があります。認知症の人の徘徊が無くなった、異食が減少した、などの成果は介護職だけでなく、家族も喜んでくれます。しかし、行動・心理症状が出てからでは、認知症の人がすでに嫌な思いをした証であり、介護職としての対応は遅く、認知症の人にとって不満がある、ということです。

真の認知症介護とは行動・心理症状の解決を行うことではなく、中核症状とうまく付きあうことなのです。

認知症介護は、「認知症の世界」におじゃまして
その世界観を感じていくことが大切です。
認知症介護は、介護専門職だからできる
ことであり、いかに中核症状と向き合うか
という視点が大切です。

Check 40 二人は興奮し、汗だくになって裸で抱き合っている

仕事が終わり自宅に帰ったときには、夜中の23：00でした。夕飯の支度をして、食事をしながらテレビをつけたときのことです。すると、画面のなかで、息を荒くして二人が興奮して、裸で抱きあって汗だくになっています。皆さんは、このシーンをどのように想像しますか。正解は、相撲です。深夜のスポーツニュースを見ていたのです。

施設に入社したスタッフに、新人研修を行っていたとき、介護を必要とする高齢者のイメージを順にお伺いしたときのことです。「目が悪い」、「耳が遠い」、「腰が曲がっている」、「足腰が弱い」など、とにかくマイナスイメージばかりが意見として出てきました。

認知症介護を行ううえで、人間の生活の特徴は押さえておいて欲しいものです。つまり、人間は毎日、先入観にどっぷり浸かって生活をしているということです。上記の事例で、相撲のことをエッチなことだと考えた人、介護を必要とする高齢者のイメージをほとんどがマイナスイメージで捉えた人、すべて先入観に浸かって生活（仕事）をしている証拠なのです。

介護を必要とする高齢者でも、「目が良い人」、「耳が良く聞こえる人」、「背筋が伸びており、

姿勢の良い人」、「足腰の丈夫な人」は実際に存在します。介護職が、先入観によって高齢者のイメージを勝手に決めつけてしまい、高齢者に不快な思いをさせてしまうことがじつに多く、うまくいかないことが増える一方なのです。

介護職が先入観に浸かって介護をする場面は、認知症介護の大きな支障となります。軽率な考えは高齢者を見た目だけで判断し、耳元で大きな声で挨拶をして不快感を与えたり、医師から認知症の診断を貰っていない人にも関わらず、認知症の人と捉えて関わったりと、非常に失礼な対応があります。

認知症介護は先入観を捨てる、ということを約束して欲しいです。先入観を持って介護を行うと必要以上に難しく感じてしまいがちです。他のスタッフから聞いたことや、利用者情報が記載されているフェイスシートなどをそのまま介護に反映させるのではなく、まずは自分の目や耳で確かめるべきです。人からの報告を待つだけでなく、自分の足で情報を取りに行き確認する姿勢が大切なのです。

認知症介護は、事実を基に展開することを忘れてはなりません。

■**著者プロフィール**

齋藤　和孝（さいとう　かずたか）

介護職や生活相談員での経験を重ねた後、特別養護老人ホームの施設長の役職を経て、2014年5月に株式会社照和（しょうわ）を設立。利用者が希望している在宅生活の継続を実現するため、地域密着型通所介護や居宅介護支援事業所を運営している。また、介護現場の事例を基に展開する講師・講演活動や介護現場の問題解決を行う介護コンサルタントなど地域の介護活動に力を注ぎながら、認知症介護を主とした高齢者の明日の暮らしと輝く介護専門職を追求している。【当社ホームページ　http://teamshowa.com/】

【学び歴】
- 日本福祉大学　福祉経営学部　医療・福祉マネジメント学科　　卒業
- 学校法人中央学園　中央福祉医療専門学校　介護福祉科　　卒業

【主な活動内容】
- 株式会社照和　代表取締役 介護コンサルタント
- 一般社団法人特養ホームマネジメント研究所　理事
- 栃木県認知症介護指導者
- 公益財団法人介護労働安定センター栃木支部
  【介護人材育成コンサルタント・雇用管理改善サポーター】
  等

平成出版 について

本書を発行した平成出版は、基本的な出版ポリシーとして、自分の主張を知ってもらいたい人々、世の中の新しい動きに注目する人々、起業家や新ジャンルに挑戦する経営者、専門家、クリエイターの皆さまの味方でありたいと願っています。

代表・須田早は、あらゆる出版に関する職務（編集、営業、広告、総務、財務、印刷管理、経営、ライター、フリー編集者、カメラマン、プロデューサーなど）を経験してきました。そして、従来の出版の殻を打ち破ることが、未来の日本の繁栄につながると信じています。

志のある人を、広く世の中に知らしめるように、商業出版として新しい出版方式を実践しつつ「読者が求める本」を提供していきます。出版について、知りたい事やわからない事がありましたら、お気軽にメールをお寄せください。

book@syuppan.jp　平成出版　編集部一同

介護職の働く現場から「人助け」を極める
――認知症介護のチェックポイント40 ――

令和5年（2023）9月13日　改装版第一刷発行

著　者　齋藤和孝（㈱照和　代表取締役）
発行人　須田　早
発　行　平成出版 G 株式会社
〒104-0061　東京都中央区銀座７丁目13番５号
ＮＲＥＧ銀座１Ｆ
経営サポート部／東京都港区赤坂８丁目
TEL 03-3408-8300　FAX 03-3746-1588
平成出版ホームページ https://syuppan.jp
BOOKSTATION　ホームページ https://bookstation.jp
メール: book@syuppan.jp

発　売　株式会社 星雲社
〒112-0005　東京都文京区水道1-3-30
TEL 03-3868-3275　FAX 03-3868-6588

本文イラスト／桧原朝美（ひばらさんのデザイン工房）
編集協力／安田京祐、近藤里実
本文DTP／小山弘子